KOKOKARA DRILL SERIES
大学入試
TSUNAGERU

柳生の ここから つなげる 現代文 ドリル

Gakken

受験勉強の挫折の原因とは？

定期テスト対策と受験勉強の違い

本書は、〝解く力〟を身につけたい人のための、「実践につなげる受験入門書」です。ただ、本書を手に取った人のなかには、「そもそも受験勉強ってどうやったらいいの？」「定期テストの勉強法と同じじゃだめなの？」と思っている人も多いのではないでしょうか。実は、定期テストと大学入試は、本質的に違う試験なのです。そのため、定期テストでは点が取れている人でも、大学入試に向けた勉強になると挫折してしまうことがよくあります。

定期テストとは…

▶ 授業で学んだ内容のチェックをするためのもの。

学校で行われる定期テストは、基本的には「授業で学んだことをどれくらい覚えているか」を測るものです。出題する先生も「授業で教えたことをきちんと定着させてほしい」という趣旨でテストを作成しているケースが多いでしょう。出題範囲も、基本的には数か月間の学習内容なので、「毎日ノートをしっかりまとめる」「先生の作成したプリントをしっかり覚えておく」といったように真面目に勉強していれば、ある程度の成績は期待できます。

大学入試とは…

▶ 膨大な知識と応用力が求められるもの。

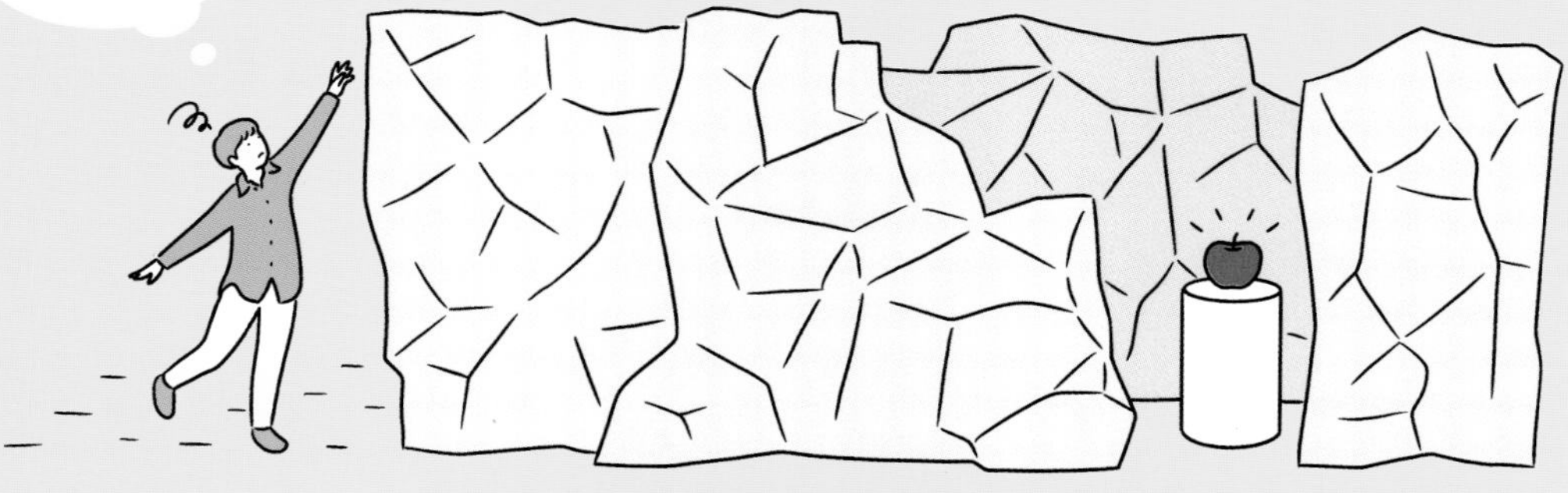

一方で大学入試は、出題範囲が高校３年間のすべてであるうえに「入学者を選抜する」ための試験です。点数に差をつけるため、基本的な知識だけでなく、その知識を活かす力（応用力）も問われます。また、試験時間内に問題を解ききるための時間配分なども必要になります。定期テストとは試験の内容も問われる力も違うので、同じような対策では太刀打ちできず、受験勉強の「壁」を感じる人も多いのです。

入試演習の難しさ

定期テスト対策とは大きく異なる勉強が求められる受験勉強。出題範囲が膨大で、対策に充てられる時間も限られていることから、「真面目にコツコツ」だけでは挫折してしまう可能性があります。むしろ真面目に頑張る人に限って、空回りしてしまいがちです。特に挫折する人が多いのが、基礎固めが終わって、入試演習に移行するタイミング。以下のような悩みを抱える受験生が多く出てきます。

よくある悩み

1 本格的な受験参考書をやると急に難しく感じてしまう

本格的な受験参考書は、解説が長かったり、問題量が多かったりして、難しく感じてしまうことも。
また、それまでに学習した膨大な知識の中で、どれが関連しているのかわからず、
問題を解くのにも、復習にも、時間がかかってしまいがちです。

よくある悩み

2 知識は身につけたのに、問題が解けない

基礎知識は完璧、と思っていざ問題演習に進んでも、まったく歯が立たなかった……
という受験生は少なくありません。基礎知識を覚えるだけでは、
入試問題に挑むための力が十分に身についているとは言えないのです。

よくある悩み

3 入試演習に挑戦できる力が本当についているのか不安

基礎固めの参考書を何冊かやり終えたのに、
本格的な入試演習に進む勇気が出ない人も多いはず。
参考書をやりきったつもりでも、
最初のほうに学習した内容を忘れてしまっていたり、
中途半端にしか理解できていない部分があったりする
ケースもよくあります。

ここからつなげるシリーズで“解けない”を解決！

前ページで説明したような受験生が抱えやすい悩みに寄り添ったのが、「ここからつなげる」シリーズです。無理なく演習に取り組め、しっかりと力を身につけられる設計なので、基礎と実践をつなぐ1冊としておすすめです。

解けるポイント

1 無理なく演習に取り組める！

全テーマが、解説１ページ➡演習１ページの見開き構成。
問題を解くのに必要な事項を丁寧に学習してから演習に進むので、
スモールステップで無理なく取り組めます。

解けるポイント

2 “問題が解ける力”が身につくテーマを厳選！

基礎知識を生かして入試問題を解けるようになるために不可欠な、
基礎からもう一歩踏み込んだテーマを解説。
入試基礎知識の学習段階から、実践段階へのスムーズな橋渡しをします。

解けるポイント

3 定着度を確かめられて、自信がつく！

1冊やり終えた後に、学習した内容が身についているかを確認できる
「修了判定模試」が付いています。
本書の内容が完璧に身についているか確認したうえで、
自信をもって入試演習へと進むことができます。

はじめに

「文法」「レトリック」の学習を終えて、入試レベルの長文へ

この本は、「文法」や「レトリック（説得術）」といった文章読解のためのルールを一通り学んだ人が、それらの知識を入試レベルへとつなげることを目的とした解説付き読解ドリルです。

「助詞」「指示語」「接続表現」などの文法の知識や、「具体例」「根拠」「譲歩」などのレトリックの知識はあるけれど、実際の入試問題となると、それぞれの文が文章の中でどういう働きをしているかわからないという人のために、自分の力で一文一文の働きを把握しながら長文が読めるようになるためのトレーニングをしていきます。

本格的な入試対策となる問題集や過去問集では一文一文の働きをくわしく解説してくれません。そのような本を自力で読み解くためには、未知の文章を読んだときに自分の力で一文一文の働きをとらえられるようになるしかありません。

ところが、従来の参考書や問題集は「その文章」「その問題」の解説に終始しており、「別の文章」「別の問題」へと応用可能なトレーニングにはなっていないものが多くありました。

そこでこの本は「文法」「レトリック（説得術）」「論理」といった客観的なルールを身につけ、未知の文章を読み解くためのトレーニングドリルとして誕生しました。

昨日見た文章だけでなく、まだ見ぬ明日の文章も読み解けるようになる。

この本をやり切った皆さんは、過去問という高い壁に対して生き生きと立ち向かっていけるような力を身につけていると確信しています。

柳生好之

もくじ

巻頭特集

Chapter 1

文の構造

Chapter 2

文のつながり

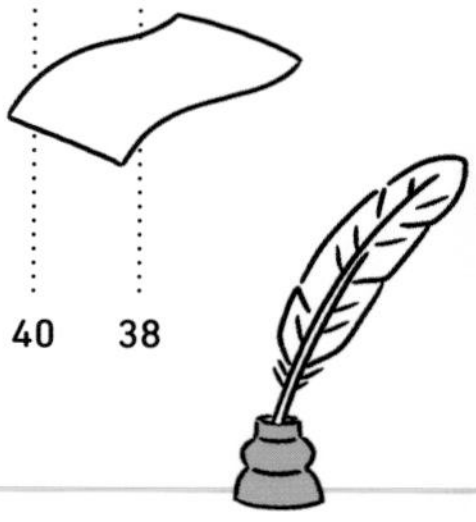

Chapter 6

文章の形の応用

本書の使い方

How to Use

解説を読んだら、書き込み式の演習ページへ。
学んだ内容が身についているか、すぐに確認できます。

人気講師によるわかりやすい解説。ニガテな人でもしっかり理解できます。

入試問題を解くのに不可欠な知識を、順番に積み上げていける構成になっています。

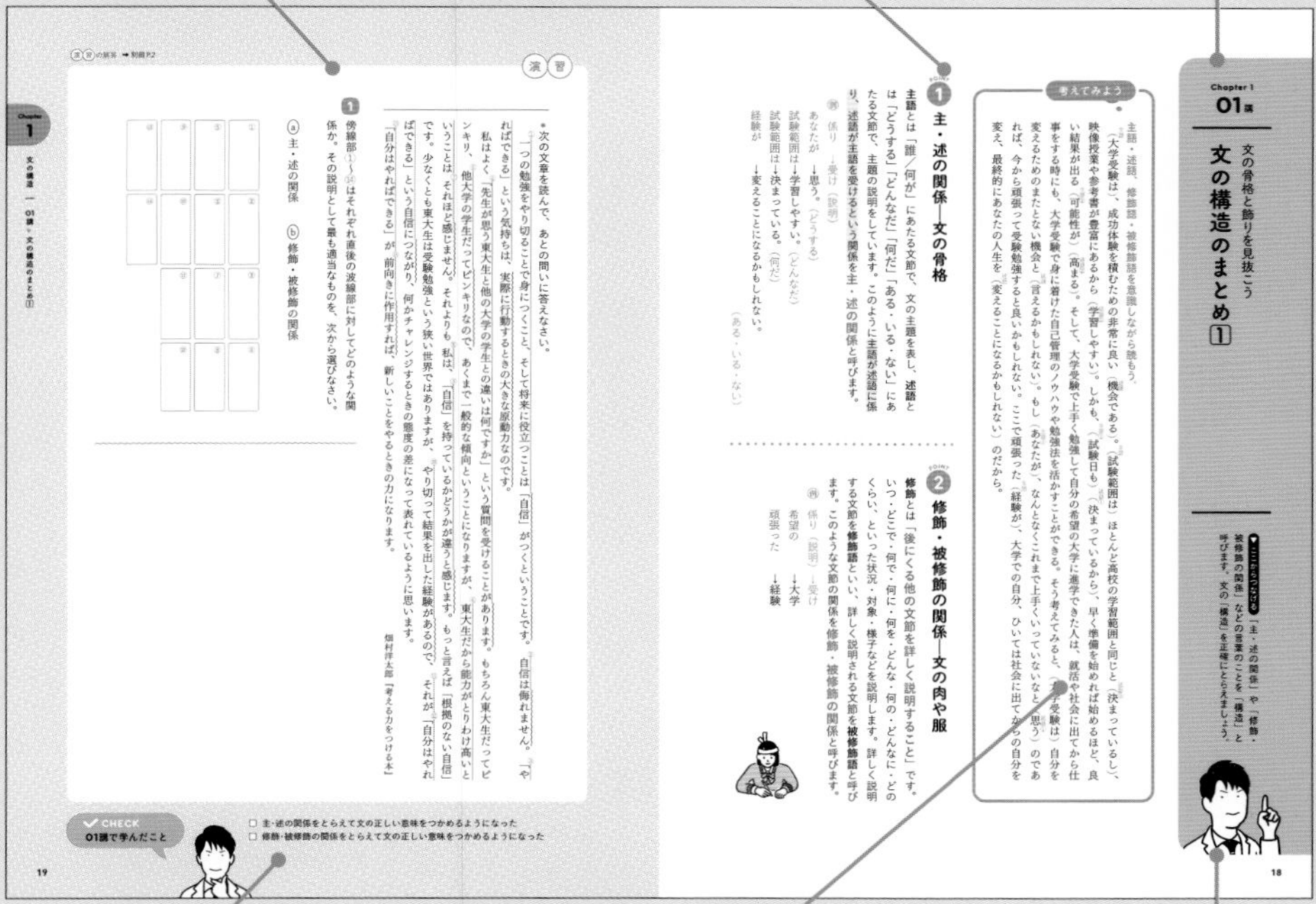

学んだ内容を最後におさらいできるチェックリスト付き。

各講で学ぶ内容を集約した例文を掲載。

「▶ここからつなげる」をまず読んで、この講で学習する概要をチェックしましょう。

答え合わせがしやすい別冊「解答解説」付き。
詳しい解説付きでさらに本番における得点力アップが狙えます。

すべての講をやり終えたら、「修了判定模試」で力試し。
間違えた問題は➡00講のアイコンを参照し、該当する講に戻って復習しましょう。

1 一文を正しく読むために文法というルールを意識しよう！

文章の内容がつかめないのは一文の内容が理解できていないから

ある程度現代文を勉強した人でも「文章が長くなると、筆者が何を言っているのかわからなくなる」という悩みはなかなかなくなりません。今までの指導経験からすると、その悩みの原因は「そもそも一文の内容が正確につかめていない」ということにあります。試しに「この文の主部はどこからどこまで？」と聞いてみると、驚くほど多くの生徒たちが正しく答えられないのです。これでは文章の内容の理解など、望むべくもありません。

文法にしたがった客観的読解を

「主部―述部」だけでなく「修飾部―被修飾部」や「助詞」の理解も含めた「文の構造」や、「指示語」「接続表現」による「文と文のつながり」といった、誰にとっても同じようにとらえられる「カタチ」に注目することが客観的読解です。大学入試現代文においては「読者の数だけ読み方がある」といった「鑑賞」は求められていません。そもそも人によって違うのではテストで優劣がつけられないからです。「鑑賞」ではなく、誰にとっても同じようにとらえられる「客観的読解」ができたかどうかで点数がつけられます。これは現代文において一番重要なルールなので、必ず覚えておいてください。

本書で「文法」を使って「カタチ」をとらえる
客観的読解のトレーニングをしていきましょう！

2　筆者の主張をとらえるために レトリックの知識を活用しよう！

現代文読解で一番重要な「筆者の主張」もルールでとらえる

現代文では「筆者の主張をとらえましょう」と言われますが、「どうしたら筆者の主張がとらえられるの？」という疑問にはなかなか答えてもらえません。そこで困った受験生は文章を読んで、自分が大事だと思った文に線を引きます。しかし、その文が「筆者の主張」である場合もありますが、そうでない場合もあります。このような再現性のない方法に頼った問題演習では成績は上がりません。「筆者の主張」をとらえるためのルールを学びましょう。

レトリックに注目することで「筆者の主張」はとらえられる

「筆者の主張」は単独では存在しません。必ず他の文との関係の中に存在します。例えば、「主張をわかりやすく説明するための具体例」や「主張を裏付ける根拠」や「主張とは反対の意見への譲歩」など、「筆者の主張」の周りには様々な働きをする文が存在します。このような「具体例」「根拠」「譲歩」は「筆者の主張」に納得してもらうための「レトリック（説得術）」の働きをしています。そして、それらの働きをしている文との関係で、「筆者の主張」をとらえることができます。

「筆者の主張」は単独では存在しない。
「レトリック（説得術）」の働きをしている文に注目して
「筆者の主張」をとらえよう！

3　現代文の問題に正しく答えるためには文法、レトリックだけでなく論理の力も必要！

判断力とは「正しい」か「正しくない」かを判断する力

近年の入試問題には「思考力」「判断力」「表現力」を問うという特徴があります。この中でも「思考力」と「判断力」の違いについて、意識できている人はなかなかいません。「思考力」は文章を読みながら「この文が筆者の主張だな」「この文は主張の根拠になっているな」と考えていく力です。「判断力」は文章に書いてある内容をもとにして、選択肢が「正しい」か「正しくない」かを判断する力です。例えば、「文章にＡと書いてあるから、Ａでないといっている選択肢は正しくない」というように判断していく力のことです。

「正しい」か「正しくない」かは論理というルールで決まる

先程の例に「文章にＡと書いてある」とありました。現代文では文章に書いてあることは必ず正しいというルールがあります。ですから、「Ａ」は「正しい」と考えます。そこで、選択肢に「Ａでない」とあったら、この選択肢は「正しい」でしょうか？答えは「正しくない」です。「否定」には「Ａ」が正しい場合、「Ａでない」は正しくないというルールがあります。ものすごく当たり前のことなのですが、そのようなルールに基づいて現代文の問題は作られているのです。ですから、「否定（でない）」「連言（かつ）」「選言（または）」「条件法（ならば）」といった言葉に注目する必要があるのです。

現代文では文章に書いてあることは必ず「正しい」。
選択肢が「正しい」かどうかは
文章と論理のルールで決まる！

4 文章の意味を理解するためには「形式」と「内容」の両方をとらえる必要がある！

長文読解への道は短文の解釈から

最終的には入試で出題される長文が読めなければいけませんが、まずは短い文章から読めるようにしていきましょう。ただし、なんとなく「内容」が読めるだけではダメです。それぞれの文の構造をとらえて、文章の中での働きを考えながら読んでいく必要があります。「内容」だけでなく「カタチ＝形式」をとらえていきましょう。

「内容（意識）」×「形式（無意識）」＝意味

文章を読むのが得意な人は「文法」や「レトリック」や「論理」という「形式」的なルールを意識していません。文章を読んでいるときには「内容」に集中して「意味」をとらえようとしています。ですから、得意な人は「文法」や「レトリック」や「論理」など不要というのですが、それは無意識で処理していることに気がついていないだけなのです。文章を読むのが苦手な人は、得意な人が無意識で処理していることを、言語化して意識的にトレーニングをする必要があります。

「内容（意識）」×「形式（無意識）」＝意味
苦手な人はこの方程式を意識して、
「形式」をとらえるトレーニングをしよう！

教えて！　柳生先生

Q

やさしい文章や短い文章なら
読めるようになってきましたが、
入試レベルの文章になると読めません。

やさしい参考書や問題集では正答率が上がってきましたが、過去問を見るとレベルが違いすぎて手も足も出ません。このままの勉強を続けても良いのでしょうか。

A

近年の入試レベルの問題は文の長さも文章の長さも段違い。少しずつレベルを上げていきましょう！

初学者向けの参考書や問題集はやさしい文章を選んだり、長い文章を短く切って載せたりしています。ところが、近年の入試問題は分量も多く語彙レベルも高い傾向にあります。そのギャップを埋めるためには、徐々に文章のレベルを上げてトレーニングをしていく必要があります。同時に、単語帳を使って語彙力も上げていきましょう。それらが終わったら、入試レベルの長文に取り組むと良いでしょう。

教えて！　柳生先生

Q

文章が長くなると、どの文が「筆者の主張」なのかわからなくなります。

短い文章なら「筆者の主張」がつかめるのですが、文章が長くなると「筆者の主張」がつかめなくなります。多くの文章を読んで慣れるしかないのでしょうか。

A

**文章は様々な役割を持った文の集まりでできています。
まずはそれぞれの文がどのような役割をしているのかをとらえましょう。**

文章が長くなると、どの文が一番重要な「筆者の主張」なのか分かりにくくなります。一文一文丁寧に、どのような役割をしているのかを考えながら読んでいきましょう。例えば、「この文は前の文に対する具体例になっている」「この文は前の文に対する根拠になっている」「この文は譲歩で、後ろに筆者の主張が来ている」など、考えながら読んでいくことによって、「筆者の主張」がとらえられます。

教えて！　柳生先生

Q

苦手なテーマの場合、文章の内容が頭の中に全く入ってきません。前もって頻出テーマを覚えておけば良いのでしょうか。

初見の文章の場合、よく知っているテーマだと内容が頭に入ってくるのですが、知らないテーマだと内容が頭に入ってきません。対策としては前もって頻出テーマを知識として覚えておけば良いのでしょうか。

A

入試現代文では様々なテーマが出題されるため、「必ず」知らないテーマが出題されます。知らなくても読み解けるような対策をしましょう。

　現代文は問題の相性によって点数にばらつきが出ると言われます。好きなテーマだと点数が高く、興味のないテーマだと点数が低くなる傾向にあります。もちろん、あらゆるテーマに対して興味を持てるようになるというのが最善手ですが、どう考えても若い受験生の興味を引くとは思えないテーマも出題されます。であれば、興味のないテーマだとしても点数が取れるように準備しておくことが望ましいでしょう。入試問題は「文法」「レトリック」「論理」といった客観的なルールに基づいて読むことができれば、どんな内容の文章でも点数が取れるように作られています。まずはルールに基づいて読む訓練をしましょう。

KOKOKARA DRILL SERIES
大学入試
TSUNAGERU

柳生のここからつなげる現代文ドリル

スタディサプリ
柳生好之

Chapter 1
01講

文の構造のまとめ①

文の骨格と飾りを見抜こう

▼ここからつなげる 「主・述の関係」や「修飾・被修飾の関係」などの言葉のことを「構造」と呼びます。文の「構造」を正確にとらえましょう。

考えてみよう

主語・述語、修飾語・被修飾語を意識しながら読もう。

（《主語》大学受験は）、成功体験を積むための非常に良い（《述語》機会である）。（《主語》試験範囲は）ほとんど高校の学習範囲と同じと（《述語①》決まっているし）、映像授業や参考書が豊富にあるから（《述語②》学習しやすい）。しかも、（《主語①》試験日も）（《述語①》決まっているから）、早く準備を始めれば始めるほど、良い結果が出る（《主語②》可能性が）（《述語②》高まる）。そして、大学受験で上手く勉強して自分の希望の大学に進学できた人は、就活や社会に出てから仕事をする時にも、大学受験で身に着けた自己管理のノウハウや勉強法を活かすことができる。そう考えてみると、（《主語》大学受験は）自分を変えるためのまたとない機会と（《述語》言えるかもしれない）。もし（《主語①》あなたが）、なんとなくこれまで上手くいっていないなと（《述語①》思う）のであれば、今から頑張って受験勉強すると良いかもしれない。ここで頑張った（《主語》経験が）、大学での自分、ひいては社会に出てからの自分を変え、最終的にあなたの人生を（《述語》変えることになるかもしれない）のだから。

POINT 1 主・述の関係――文の骨格

主語とは「誰／何が」にあたる文節で、文の主題を表し、**述語**とは「どうする」「どんなだ」「何だ」「ある・いる・ない」にあたる文節で、主題の説明をしています。このように主語が述語に係り、述語が主語を受けるという関係を**主・述の関係**と呼びます。

例 係り →受け（説明）
あなたが →思う。（どうする）
試験範囲は→学習しやすい。（どんなだ）
試験範囲は→決まっている。（何だ）
経験が →変えることになるかもしれない。（ある・いる・ない）

POINT 2 修飾・被修飾の関係――文の肉や服

修飾とは「後にくる他の文節を詳しく説明すること」です。いつ・どこで・何で・何に・何を・どんな・何の・どんなに・どのくらい、といった状況・対象・様子などを説明します。詳しく説明する文節を**修飾語**といい、詳しく説明される文節を**被修飾語**と呼びます。このような文節の関係を**修飾・被修飾の関係**と呼びます。

例 係り（説明）→受け
希望の →大学
頑張った →経験

演習

●次の文章を読んで、あとの問いに答えなさい。

①一つの勉強をやり切ることで身につくこと、そして将来に役立つことは「自信」がつくということです。②自信は侮れません。③「やればできる」という気持ちは、実際に行動するときの大きな原動力なのです。

私はよく④「先生が思う東大生と他の大学の学生との違いは何ですか」という質問を受けることがあります。もちろん東大生だってピンキリ、⑤他大学の学生だってピンキリなので、あくまで一般的な傾向ということになりますが、⑥東大生だから能力がとりわけ高いということは⑦それほど感じません。それよりも⑧私は、⑨「自信」を持っているかどうかが違うと感じます。もっと言えば「根拠のない自信」です。少なくとも東大生は受験勉強という狭い世界ではありますが、⑩やり切って結果を出した経験があるので、⑪それが⑫「自分はやればできる」という自信につながり、何かチャレンジするときの態度の差になって表れているように思います。⑬「自分はやればできる」が⑭前向きに作用すれば、新しいことをやるときの力になります。

畑村洋太郎『考える力をつける本』

1 傍線部①～⑭はそれぞれ直後の波線部に対してどのような関係か。その説明として最も適当なものを、次から選びなさい。

ⓐ 主・述の関係　ⓑ 修飾・被修飾の関係

①	⑤	⑨	⑬
②	⑥	⑩	⑭
③	⑦	⑪	
④	⑧	⑫	

✔ CHECK
01講で学んだこと

□ 主・述の関係をとらえて文の正しい意味をつかめるようになった
□ 修飾・被修飾の関係をとらえて文の正しい意味をつかめるようになった

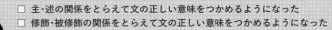

Chapter 1
02講
文の構造のまとめ 2
文の組み立てを深く理解しよう

ここからつなげる 言葉の意味を正しくとらえるためには、言葉と言葉の間にどんな関係があるのかを知る必要があります。前講で学んだ二つの関係以外の「構造」を確認しましょう。

考えてみよう

文節の関係を意識しながら読もう。

さて[独立語]、（[複文]我々が見ている世界は本当に存在するのか）。（[単文]我々は様々なものを見る）。たとえば[接続語]、授業中に、（[重文]あなたは黒板を見て、クラスメイトはノートとペン[並列の関係]を見る）。（[接続部]そのような場合を考えてみると）、（[複文]自分が見ている対象が存在していることは当然のように思える）。しかし[接続語]、誰かがあなたに幻想を見せているとしたらどうだろうか。自分が見ているものはすべて本当は存在せず、世界は幻想にすぎないのかもしれない。（[複文]過去に哲学者が考えたこのような議論を、現代の我々が否定することは意外に難しいのである）。

POINT 1 独立の関係

他の文節と直接関係がない文節との関係を、**独立の関係**と呼びます。**独立語**は、呼びかけ、感動、応答、提示などを表します。

例 さて

POINT 2 接続の関係

接続語とその後に続く文や文節との関係を、**接続の関係**と呼びます。**接続語**とは「前の文や文節を後に続ける働きをする文節のこと」です。接続語には**接続詞**が単独で接続語の働きをする場合と、**接続助詞のついた文節**が接続語の働きをする場合があります。

例 しかし　たとえば（接続詞）
そのような場合を考えてみると（接続部）

POINT 3 並列の関係

二つ以上の文節が対等に並んでいる関係を、**並列の関係**と呼びます。

例 ノートとペン

POINT 4 単文・複文・重文

単文とは、主語と述語のセットが一つある文のことです。

例 我々は[主語]様々なものを見る[述語]。

複文とは、並列していない主語と述語のセットが複数ある文です。

例 我々が[主語①]見ている[述語①]世界は[主語②]本当に存在するのか[述語②]。

重文とは、並列している主語と述語のセットが複数ある文です。

例 あなたは[主語①]黒板を見て[述語①]、クラスメイトは[主語②]ノートとペンを見る[述語②]。

演習の解答 ➡ 別冊P.4

演習

●次の文章を読んで、あとの問いに答えなさい。

私が富士山を想像する場合、①ふつうは、私が ア富士山の像 ②または イメージを、イ現実の富士山の写しとして心で形づくる、③あるいは想い抱くことだ、と考えられているだろう。この場合、Ⅰ像を想い抱くとか形づくるとかいういいまわしのなかに、それとしてイメージの実体化がある。④ことばが行いやすい事の物化があるが、それだけではない。⑤それ以前に、私たちは、現実の富士山の姿を想定した上でイメージをその写しと考えている、ということがある。

⑥しかし、私が富士山を想像するとき、果たして事実、イメージはそのようなものとしてあるのだろうか。むしろイメージとは、第一義的には意識の働きがそれとして現前させるものではないだろうか。かつて見たⅡ富士山の姿の ウ記憶も、写真も絵も知識も、想像作用にとってはきっかけにすぎず、現実の富士山の実在は必ずしも前提とされてはいない。

中村雄二郎『哲学の現在』

1 傍線部①～⑥の文節（連文節）は何か。次から最も適当なものを選びなさい。

ⓐ 修飾語（修飾部）　ⓑ 接続語（接続部）

① 　② 　③ 　④ 　⑤ 　⑥

2 波線部ア～ウと並列の関係にあるのはどの部分か。ア・イは五字以内、ウは十字以内で、本文中から抜き出して答えなさい。

ア 　イ 　ウ

3 傍線部Ⅰ、Ⅱはどのような文か。次から最も適当なものを選びなさい。

ⓐ 単文　ⓑ 複文　ⓒ 重文

Ⅰ 　Ⅱ

✔ CHECK
02講で学んだこと

□ 独立・接続・並列の関係をとらえられるようになった
□「複文」「重文」が出てくる複雑な「構造」をとらえられるようになった

Chapter 1
03講

主部・述部の発見

文の骨格である「主部」と「述部」を見つけよう

▼ここからつなげる 長い文を読むときは、「骨格」と「飾り」を読み分けて、意味の重点を意識しましょう。まず「骨格」である「主部」と「述部」を学びます。

考えてみよう

主部・述部を意識しながら読もう。

（日本人は）《主語》、海外の文化を都合よく取り入れることが（得意だ）《述語》。だから（私たちは）《主語》、正月には初詣に（行き）《述語》、お盆にはお墓参り、ハロウィーンには仮想を（して）《述語》、クリスマスにはツリーを（飾る）《述語》。人によっては、一貫性が無いと（言うかもしれない）《述部》。しかしむしろ、（色々な文化を取り入れてきたからこそ）《述部》、（日本の文化は）《主部》（これほど豊かになったのだ）《述部》と（私は）《主語》（思う）《述語》。最近は、日本の文化が海外で人気があるという話も（聞く）《述語》。実際ネットを（見ると）《述語》、日本のアニメの話をしている外国のひとびとを沢山（目にして）《述語》、嬉しく（なる）《述語》。（様々な文化の刺激を受けて豊かになった日本の文化が）《主部》海外に（広まる）《述語》ことで、世界のどこかに新しい素敵な文化を（生み出していたら）《述部》、日本人として、（私は）《主語》誇らしく（思う）《述語》。

POINT 1 主部・述部

主・述の関係は、複数の文節どうしでも成立することがあります。複数の文節がまとめて主語となるとき、それを**主部**と呼び、複数の文節がまとめて述語となるとき、それを**述部**と呼びます。

例 様々な文化の刺激を受けて豊かになった日本の文化が（主部）
色々な文化を取り入れてきたからこそ、（述部）

POINT 2 主部・述部の見つけ方

先に述部から探します。述部は文の最後の方にあることが多いので、文末から動詞・名詞・形容詞・形容動詞を中心にした意味のまとまりを探して述部と考えます。次に、その述部の主部となる「名詞＋は／が」のまとまりを探します。主部は省略されることもあるので、見つからない場合は前後の文から主部を推測します。

例 日本の文化は《主部》これほど豊かになったのだ《述部》

主部・述部を把握するためには、修飾・被修飾の関係を見抜くことが重要ですが、それについては次の講で詳しく扱います。

接続助詞で二つの文がつながっている場合や、述部が、「連用形、」の形で続きがある場合は、「主部＋述部」のセットを二つ見つけましょう。

演習

● 次の文章を読んで、あとの問いに答えなさい。

こうした「随分奇妙な」日本人の感性は仏教によって①つちかわれた面は確かに②あるかもしれないが、その影響関係については留保が③必要である。インドで生まれた仏教は中国で体系化されて日本に④伝わるが、日本において仏教は⑤変質する。いわば⑥日本化したのである。

仏教において無常とは、この世には永遠不変のもの（常なるもの）は存在せず、いっさいのものが生滅するものであり、いずれは消滅するべき定めにあるという事態を⑦指す。人間もまたその例外ではなく、老・病・死を⑧免れることはできない。無常は人間のあらゆる「苦」（苦悩・苦痛）の⑨元凶である。心の平安としての悟りの境地に達するためには無常の現実を否定し、それから⑩自由にならなければならない。無常の現実に流されるのではなくて、無常の現実に人間は意志的＝理知的に働きかけて⑪乗り越えなければならない。無常はすぐれて倫理的＝実践的問題を⑫提起する。これが仏教における無常の問題である。

野内良三『偶然を生きる思想』

1 傍線部①〜⑩の主語（主部）にあたる部分を抜き出しなさい。もし主部が省略されている場合はその主部を補って書きなさい。

①

②

③

④

⑤

⑥

⑦

⑧

⑨

⑩

⑪

⑫

✔ CHECK
03講で学んだこと

□ 主部と述部を見つけられるようになった
□ 省略された主部をとらえられるようになった

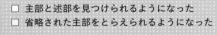

Chapter 1

04講

修飾関係の把握

どの部分がどの部分を説明しているのかを見抜こう

▼ここからつなげる この講では長い文の「骨格」と「飾り」を読み分けるときの「飾り」の部分の読み方を学びます。どの部分を説明しているのかをとらえられるようになりましょう。

考えてみよう

修飾・被修飾の関係を意識しながら読もう。

最近、（ビジネスに哲学を役立てようとする）動きが（あちこちで）起きている。（書店に）行けば、（ビジネスマンに哲学を紹介する）本が（沢山）見つかる。哲学と言えば、（役に立たない学問の代名詞のように）扱われてきたが、なぜ（このような）流行が起こったのだろうか。（一つ言える）ことは、（世の中がどんどん予測不能になってきているという）ことである。（歴史上の）哲学者たちは、（容易に答えが見つからないような問いを）（徹底的に）考え抜いた。（そういう哲学者たちが考えたことから）、我々は（予測不能な世の中で遭遇する様々な難題と取り組む手掛かりを）得ることができる。（哲学を）学んだところで、（すぐに役に立つ何かの）答えが見つかるわけではない。だが、（一生役に立つ考える力を）身につけることができる。（すぐ役に立つことはすぐ役に立たなくなると言った）人がいたが、哲学は（まさにすぐには役に立たないが、ずっと役立つ）ものであると言える。

POINT 1 修飾部・被修飾部

修飾・被修飾の関係は、複数の文節どうしでも成立することがあります。複数の文節がまとめて他の文節や連文節を修飾するとき、それを**修飾部**と呼びます。複数の文節がまとめて他の文節や連文節に修飾されるとき、それを**被修飾部**と呼びます。

例

ビジネスに哲学を役立てようとする（修飾部）動きが（被修飾語）

一生役に立つ考える力を（修飾部）身につけることができる。（被修飾部）

POINT 2 修飾関係の把握の仕方

修飾語（修飾部）は基本的に被修飾語（被修飾部）より前にあります。文を一読して、修飾関係がわからないときは、修飾部が連体修飾（名詞を修飾する）をしているか、連用修飾（名詞以外を修飾する）をしているかを考え、意味的に適切な係り受けを把握します。

例

ビジネスマンに哲学を紹介する（連体修飾部）本が（被修飾語）沢山（連用修飾語）見つかる。（被修飾語）

演習の解答 ➡ 別冊P.8

演習

●次の文章を読んで、あとの問いに答えなさい。

哲学は、これを全体として見ると、ニセ学問である。①このことをはっきり認めることが、②今までの哲学者たちにはその体面上、できなかった。③これからは、この自覚を持って、自らの思索の効用と限界を意識しつつ、④ニセ学問の領域をさらに開拓してゆきたい。

ニセ学問という特別の議論の場を設けることによって、われわれは、⑤かなり雑多な、異質的な価値を持ちつつ、しかも⑥それらについてかなり冷静に議論できるような状態を作るようにしたい。⑦価値についての議論を、科学における議論の公正さに少しでもあやからせたい。しかし⑧少なくとも現在までの人間の学問の発達段階では、十分の公正さと客観性とをもって価値問題を論じることはできないのだ。この未熟さを認めないゆえに、現代日本の進歩的思想家の多くは、⑨価値問題についてまったく「科学的」な断案を下すのであるが、⑩こんな認識不足の方法では、学問領域と実践領域との間の溝をふさぐ事はできない。両者の溝を正しくうめるには、⑪ニセ学問という中間領域を確立する他に道がない。それは、よくわからない事を「わからない」と言い、曖昧な事を「曖昧だ」と認め、⑫自分の使う言語の効用と限界について明らかな反省を持ちつつ進む、思索である。

鶴《つる》見《み》俊輔《しゅんすけ》『プラグマティズムと日本』

1 傍線部①～⑫の修飾部に対する被修飾語（被修飾部）を抜き出しなさい。

①

②

③

④

⑤

⑥

⑦

⑧

⑨

⑩

⑪

⑫

✔ CHECK 04講で学んだこと

□「修飾部」がどこを説明しているのかを正確にとらえられるようになった

Chapter 1
05講

否定①

否定に注意して内容を取り違えないようにしよう

▼ここからつなげる　文章中の「否定」に注目しましょう。「否定」を見逃すと、文章の意味を反対にとらえてしまう可能性があります。「否定」は入試最頻出のポイントです。

考えてみよう

否定されているものと肯定されているものを区別しながら読もう。

ＡＩは人間の仕事を奪うのではなく、人間が本当に重要な仕事に集中することを助けてくれる。その意味で、ＡＩは人間の敵ではない。むしろ、人間が今まで以上に創造性を発揮し、世界をよりよくしていくことに貢献し得る存在であり、我々はＡＩを積極的に利用していくべきである。たしかに使い方を間違えると人類にとって危険な側面もあるが、上手く使えば、安全で、人間に利益をもたらしてくれる。

POINT 1 否定の形──「でない」

言葉によってものを説明するときは、一方を「A」、もう一方を「Aでないもの」というようにグループ分けをしていきます。文章の中で否定の形が使われている場合には、「A」と「Aでないもの」を明確に区別しながら、それぞれの違いをつかむことが必要です。

POINT 2 否定のフレームワーク

否定を見逃さないように典型的な形は覚えておきましょう。

▼否定のフレームワーク
❶ Aではなく、（ではない。）Bである
❷ Aより（ではなく）むしろB
❸ Aのようで実はB

例　ＡＩは人間の仕事を奪うのではなく、人間が本当に重要な仕事に集中することを助けてくれる。

POINT 3 打ち消しの助動詞

打ち消しの助動詞「ない」「ぬ（ん）」も「否定」の意味を表します。見逃しやすいところなので、こちらもよく注意するようにしましょう。

例　ＡＩは人間の敵ではない。

POINT 4 否定語

マイナスの意味の言葉が否定の形を作ることがあります。

例　使い方を間違えると人類にとって危険な側面もあるが、上手く使えば、安全で、人間に利益をもたらしてくれる。

演習

●次の文章を読んで、あとの問いに答えなさい。

私には、坂口安吾《あんご》が孜々《しし》としてあらゆる形式をぶちこわすのに対して、石川淳《じゅん》がひたすら方法を模索するといったような意味で、この二人の昭和十年代に出発した作家の関係を、①ダダイスムとシュルレアリスムの関係として捉えてみたいような気がしないでもない。本人が実際に影響を受けたかどうかはともかくとして、安吾の初期作品『木枯《こがらし》の酒倉から』や『風博士』には、たしかに日本的なダダの味わいがあるし、淳の『山桜』から戦後風俗を素材とした数々の幻想的短篇、あるいは『鷹』から『虹』にいたる中篇には、明らかに超現実主義風の味わいが読みとれるであろう。しかし、②私が強調したいのは必ずしもそのことではない。むしろ私は、生き方や倫理の問題に重点を置いて言っているのである。周知のように、フランス本国のダダやシュルレアリスムも、単に美学上の変革ではなく、より大きく生き方に係わるところのものであった。

澁澤龍彦《しぶさわたつひこ》『石川淳と坂口安吾　あるいは道化の宿命について』

1

傍線部①「ダダイスムとシュルレアリスムの関係」とあるが、どのような関係か。ダダイスムとシュルレアリスムの説明となる部分を本文中からそれぞれ抜き出しなさい。また、関係性を表す言葉として最も適当なものを次から選びなさい。

ⓐ 差異　ⓑ 類似　ⓒ 因果

ダダイスム

シュルレアリスム

関係性

2

傍線部②「私が強調したいのは必ずしもそのことではない」とあるが、

(1) 一般的には「ダダイスムとシュルレアリスム」といえば何を想起するか。

(2) 筆者が強調したいのはどのような点か。

それぞれ六字と九字で本文中から抜き出して答えなさい。

(1)

(2)

CHECK
05講で学んだこと

□「否定」を見落とさずに文の意味をとらえられるようになった

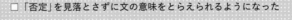

Chapter 2
06講 指示語①

指示語の指示内容をとらえよう

▼ここからつなげる 指示語のある文章を読むときは、指示内容をとらえることが重要です。まず指示語の後ろのヒントをとらえてから、前の指示内容をとらえるとミスを減らせます。

考えてみよう

指示語の指示内容を確定させながら読もう。

脳は人が人らしく生きるための基盤とされている。そのため、（《指示内容》長い間脳は人間の研究対象とされてきた）。それは（《ヒント》行動や記憶といった人間の心の働きを生み出す脳の構造と機能を明らかにすること）によって、真の人間を理解できると考えられているからである。また、この研究は生命科学における生命システムの理解のために（《指示内容》一定の財政支援）を受けてきた。そのため、このような支援のおかげもあり、（《ヒント》脳の研究は、「人間とは何か」という哲学的な課題を解決する糸口を与えるくらいにまでは進んできた）。

POINT 1 指示語の働きと種類

指示語は、前の文に登場した言葉や、前の文の内容を受けて、以降の文の一部になるため、**文と文をつなげる働き**をします。現代文を読解するためには、指示語が出てくるたびにその指示内容を確定させることが重要です。また、指示語には指示代名詞、指示連体詞、まとめの指示語があります。

❶ **指示代名詞**　「これ」「それ」「あれ」
❷ **指示連体詞**　「この」「その」「あの」
❸ **まとめの指示語**　「このような」「このように」「そのような」「そのように」「こういう」「そういう」

例
それは（指示代名詞）
この研究（指示連体詞）
このような支援（まとめの指示語）

POINT 2 指示内容のとらえ方

指示語の指示内容は指示語の「直前」にありますが、指示内容をとらえるためのヒントは「後ろ」にあります。直前を見て指示内容の範囲がわからなかった場合は、「後ろ」にあるヒントをとらえてから指示内容を求めるようにしましょう。

例
（《指示内容》長い間脳は人間の研究対象とされてきた）。
それは《ヒント》行動や記憶といった人間の心の働きを生み出す脳の構造と機能を明らかにすること

演習の解答 ➡ 別冊P.12

演習

●次の文章を読んで、あとの問いに答えなさい。

また会社に入って最初に馴染んでしまった考え方が、後々まで自分の価値観として根づいてしまうということもよくあることです。いわゆる「刷り込み現象」といわれるものです。

実際、会社というのは不思議な場所で、それぞれの会社が独自の文化を持って動き、①そこに属している人たちは自覚のないまま②その文化に染められてしまうのが常です。とくに組織の中で出世しているような人たちは、最もその会社の文化に馴染んでいるから高い地位にいられるという逆説的な見方もできます。③このような人たちが、会社の文化以外のものの考え方をするのは、平社員に比べてもはるかに難しいのです。

このように、ある文化が刷り込まれている人が、「自由な発想をしたほうがいいですよ」「状況が変わったからこれまでの制約をはずして考えなければだめですよ」などといった類のアドバイスをいくらもらっても、言われた人はそう簡単に発想を変えることはできません。変わるには、④その人自身がまず変わることの必要性、重要性を理解し、「変わりたい」と心から強く望まなければ無理です。そして、どのような方向に変わればいいのかを見極め、変わるためになにをすればいいのかを自分で考えて行動できる力を備えなければ、⑤それは容易に達成することはできません。

畑村洋太郎『失敗を活かす仕事術』

1 傍線部①〜④の指示語の種類を、次から選びなさい。

ⓐ指示代名詞　ⓑ指示連体詞　ⓒまとめの指示語

① 　② 　③ 　④ 　⑤

2 傍線部の指示語の指示内容を本文中から抜き出しなさい。抜き出せない場合は、本文中の言葉を使って説明すること。

① 　② 　③ 　④ 　⑤

✔ CHECK
06講で学んだこと

□ 後ろにある「ヒント」を見つけられるようになった
□ 「ヒント」から、前にある「指示内容」をとらえられるようになった

Chapter 2
07講 指示語②
まとめの指示語をとらえよう

ここからつなげる 筆者は言いたいことをわかりやすく伝えるために「具体例」を並べます。そして「具体例」をまとめるときに「まとめの指示語」を使うことが多いのです。

考えてみよう

まとめの指示語の指示内容を確定させながら読もう。

真偽の不明な文というものがある。（《具体例》たとえば、「私は嘘つきだ」という文は矛盾している。なぜなら、これが正しかったとすれば、そこで表されている内容は全て嘘だということになる。よって、「私は嘘つきだ」という内容は間違っていることになり、結果、「私は正直だ」ということになる。「私は嘘つきだ」という前提で始めたのにもかかわらず、最終的に「私は正直だ」という結果になったことから、この文は矛盾していることが分かる。続いて、この文が嘘であるという前提から考えていく。そうであるならば、「私は正直だ」ということになる。よって、「私は嘘つきだ」という文も正しいことになり矛盾が生じる。）こうした《まとめの指示語》文のことを、「自己言及のパラドックス」という。このような《まとめの指示語》矛盾は、数学界にも見受けられる。

POINT 1 まとめの指示語

まとめの指示語は、前の具体例や詳しい説明をまとめる働きをします。「**このような**」「**そのような**」「**こういう**」「**そういう**」などがあり、指示内容は複数の文にまたがる場合があります。

まとめの指示語　「このような」「このように」「そのような」「そのように」「こういう」「そういう」

例 △「私は嘘つきだ」という文は矛盾している。（具体例）
↓ こうした
◎文のことを、「自己言及のパラドックス」という。（まとめ）

POINT 2 まとめの指示語の指示内容のとらえ方

まとめの指示語の指示内容（指示範囲）は複数の文にまたがるために、幅広く読む必要があります。その際にどの部分が「具体」でどの部分が「抽象」なのかを意識して、「具体」の部分をまとめるとよいでしょう。

例 ◎抽象　真偽の不明な文
↓
△具体「私は嘘つきだ」という文
↓ こうした
◎抽象「自己言及のパラドックス」

演習の解答 ➡ 別冊P.14

演習

●次の文章を読んで、あとの問いに答えなさい。

一九七〇年代までの人びとの歴史意識は、というよりも「自明」のように前提されていた歴史感覚は、歴史というものが「加速度的」に進歩し発展するという感覚であった。①この感覚には客観的な根拠があった。例えばエネルギー消費量の、加速度的な増大という事実に、②それは裏付けされていた。けれども少し考えてみると、③このような加速度的な進展が、永久に続くものでないことは明らかである。一九七〇年代ローマクラブの『成長の限界』以来すでに多くの推計が示しているとおり、人類はいくつもの基本的な環境資源を、今世紀前半の内に使い果たそうとしている。われわれのミレニアムは、二〇〇一年九月一一日世界貿易センタービルへの爆破テロによって開幕しているが、ハイジャック犯によってビルに激突する数分前の航空機にわれわれの星は似ているのであって、どこかで方向を転換しなければ、このまま進展する限り破滅に至るだけである。

見田宗介『現代社会はどこに向かうか』

1 傍線部①〜③の指示語の種類を、次から選びなさい。

ⓐ 指示代名詞　ⓑ 指示連体詞　ⓒ まとめの指示語

①
②
③

2 傍線部①・②の指示語の指示対象を、本文から抜き出しなさい。

①
②

3 波線部「加速度的な進展」と同じ意味の部分を、「〜こと」につながる形で本文中から抜き出しなさい。

こと

✔ CHECK
07講で学んだこと

□「まとめの指示語」に注意して、重要な「抽象表現（筆者の主張）」を読み取れるようになった

Chapter 2
08講

文と文の関係を示す
接続表現①

▼ここからつなげる 接続表現は語と語や文と文の関係を示し、読みやすくするガイドとなってくれます。接続表現に注意して読むことで、文のつながりがわかるようになります。

考えてみよう

接続表現に注意し、前後の関係を意識しながら読もう。

校則とは、児童生徒が健全に学校生活を過ごし、よりよく成長していくために、各学校が児童生徒をある程度制限するものである。しかしながら《逆接》、その意図から逸脱し、一般社会から見れば明らかにおかしいとされる校則が存在している。それらを「ブラック校則」と世間では呼んでいる。たとえば《例示》、「ツーブロック禁止」という校則がある。実際に都立高校に存在する校則である。したがって《順接》、このような校則は、児童生徒を守る役割を果たしていると考えられていることになる。しかし《逆接》、本当に役割を果たしているのだろうか。そして、本当に必要なのだろうか。

POINT 1 逆接—前と反対の内容が後に続く

逆接の接続表現である「**しかし**」「**だが**」「**でも**」「**けれども**」「**ところが**」などが使われているとき、前後の文の内容は反対になります。

例 しかしながら、その意図から逸脱し、一般社会から見れば明らかにおかしいとされる校則が存在している。

POINT 2 順接—前が原因・理由で、後に順当な結果

順接の接続表現「**だから**」「**すると**」「**したがって**」「**よって**」などが使われているとき、前の文が原因・理由で、後の文が順当な結果になります。

例 したがって、このような校則は、児童生徒を守る役割を果たしていると考えられていることになる。

▼そして

「そして」は前の文の事柄に後の文の事柄がつながることを示すだけで、前後の関係は様々です。

例 そして、本当に必要なのだろうか。

POINT 3 例示—後に具体例が来る

例示の接続表現である「たとえば」が使われているとき、その後に具体例が来ます。

例 たとえば、「ツーブロック禁止」という校則がある。

演習

●次の文章を読んで、あとの問いに答えなさい。

近年、人々の多様性を尊重することの重要性が盛んに主張されている。［①］、職場の男女比を半々に近づけるとか、出身国や人種など、バックグラウンドの異なる人々が協同できるコミュニティを創出するとか、そのような主張を耳にする機会が増えている。このような動きの背景にあるのは、多様な考えを接触させることで、新たな発想を生み出しやすい環境を整えたい企業の要請である。しかし、さらにその背景を探っていくならば、根本的な原因として考えられるのは、むしろ平等を目指そうとする人々の志向だろう。

性別や国籍、人種などによって人が差別されることがあってはならないとする平等の理念は、間違いなく世の中をより良くしてきたと言える。現代においても未だ残っている差別を無くそうとする志向が、多様性の尊重という標語のもとで引き続き推進されているのである。［②］、多様性の尊重と平等の理念は両立可能なのだろうか。両者は互いに矛盾するものなのではないか。人それぞれが持つ個性は多様で、それぞれに独自なものである以上、それらを真に尊重するとすれば、各人を扱う仕方もまた多様になるはずだ。［③］、それぞれの個性に合わせて人に接する時、そのやり方は平等ではありえない。［④］、多様性の尊重という主張は、根本的なところで自己矛盾を含んでいるのである。

1 次のア～カの接続表現の役割を、あとから選びなさい。

ア しかし　イ したがって　ウ だから
エ ところが　オ 例えば　カ そして

ⓐ 逆接　ⓑ 順接　ⓒ 例示　ⓓ その他

ア［　］ イ［　］ ウ［　］ エ［　］ オ［　］ カ［　］

2 空欄①～④にあてはまる語句を、次から選びなさい。

ⓐ したがって　ⓑ しかし　ⓒ そして　ⓓ 例えば

①［　］ ②［　］ ③［　］ ④［　］

✔ CHECK 08講で学んだこと

□「接続表現」に注意して、「論の展開」をとらえられるようになった

Chapter 2
09講

接続表現②
文と文の関係を示す

▼ここからつなげる 「並列・累加」「対比・選択」では何と何が並べられているかを、「換言・要約」では「何」が「何」に言い換えられているかを正確にとらえましょう。

考えてみよう

接続表現に注意し、前後の関係を意識しながら読もう。

記憶は何かと結びつけられることで忘れにくくなる。電車で英単語を覚えるとき、あるいは《対比・選択》歴史上の人物を覚えるときにそれを窓から見える風景と結びつけると忘れにくくなる。語呂合わせが効果的なのも同じ理屈だ。覚えたいものをそれだけで覚えようとしても難しい。しかし、語呂と結びつけることで記憶に残りやすくなる。しかも《並列・累加》、仮に覚えたものを忘れてしまっても、語呂の方だけを覚えていれば思い出せることもある。つまり《換言・要約》、覚えたいものを別のものと結びつけると、それを忘れにくくなり、なおかつ《並列・累加》思い出しやすくなるのである。

POINT 1 並立・累加──前後の内容が両方必要

並列・累加の接続表現は、前後の内容が両方必要だということを示します。「**かつ**」「**また**」「**および**」「**それから**」「**それに**」「**さらに**」「**しかも**」「**ならびに**」などがあります。

例 語呂と結びつけることで記憶に残りやすくなる。しかも、仮に覚えたものを忘れてしまっても、語呂の方だけを覚えていれば思い出せることもある。

POINT 2 対比・選択──前後の内容のどちらか一方を選ぶ

対比・選択の接続表現は、前後の内容の少なくともどちらか一方を選ぶことを示します。「**または**」「**あるいは**」「**もしくは**」「**ないしは**」「**それとも**」などがあります。

例 電車で英単語を覚えるとき、あるいは歴史上の人物を覚えるときに

POINT 3 換言・要約──前後が同内容であることを示す

換言・要約の接続表現の前後の内容は同じになります。「**つまり**」「**すなわち**」「**要するに**」「**言い換えると**」などがあります。

例 仮に覚えたものを忘れてしまっても、語呂の方だけを覚えていれば思い出せることもある。つまり、覚えたいものを別のものと結びつけると、それを忘れにくくなり、なおかつ思い出しやすくなるのである。

演習

●次の文章を読んで、あとの問いに答えなさい。

国際社会で活躍できる人材を育成するために、早期英語教育の重要性が叫ばれている。すでに小学校で英語が必修化されたが、［①］幼稚園や保育園からも英語を教える必要があるという論者も存在する。一方で、あまりに早い時期から英語を教えることには根強い反対勢力がある。彼らは、外国語の運用能力は母語の運用能力を超えないとし、幼稚園生や小学生にはまず国語をきちんと学習させなければ高い英語力は身に着かないとする。この論争自体は重要だが、実は両陣営がともに見落としている論点が存在する。［②］、そもそも日本人が英語を学習する必要性がどれだけあるか、という点である。海外で生活する［③］外資系企業に勤める日本人の割合は、非常に少ない。そんな中で、日本人の全員が膨大な時間を英語学習に費やすことは、果たして適切なことなのだろうか。英語ができれば、海外のニュース番組が理解できたり、新聞が読めたりして、世界が広がることは間違いない。しかし、それは全ての日本人に必要なことだろうか？

1 次のア〜オの接続表現の役割を、あとから選びなさい。

ア さらに　イ すなわち　ウ あるいは

エ ないしは　オ しかも

ⓐ 並列・累加　ⓑ 対比・選択

ⓒ 換言・要約

ア　イ　ウ　エ　オ

2 空欄①〜③にあてはまる語句を、次から選びなさい。

ⓐ さらに　ⓑ または　ⓒ すなわち

①　②　③

3 空欄①〜③にあてはまる接続表現がつないでいる語句を、それぞれ抜き出しなさい。

①　②　③

CHECK
09講で学んだこと

□ 何と何が並べられているか、言い換えられているかをとらえられるようになった

Chapter 2
10講

文と文の関係を示す
接続表現 3

考えてみよう

接続表現に注意し、前後の関係を意識しながら読もう。

弥生時代に稲作が始まると、ムラといわれる集落が発生するようになる。なぜなら《理由》、自給自足の生活が可能になり、狩猟採集のために移動し続ける必要がなくなったからである。稲作には人手がかかることもあり、ムラの中の人々で協力して作業を行うことも増えたと考えられている。そういう意味で、稲作は日本で人間の社会ができるきっかけの一つとなったと言えるだろう。もっとも《補足》、ムラができることはよいことばかりではない。人々が集まるようになれば、ムラどうしで土地や収穫物を奪い合うための争いが生じる。勝利したムラは負けたムラを吸収し、大きなクニへと成長していく。さて《転換》、ここまで稲作をきっかけとした集落の発生を見てきたが、ここからは現在の国家につながるような共同体のできていく様子を見ることにしよう。

▼ここからつなげる 理由の接続表現は主張の根拠をとらえる上で重要です。また、補足の接続表現は「逆接」と似ていますが、違う点に注意しましょう。

POINT 1 理由──主張の理由を示す

理由の接続表現は、前の主張の理由を示します。「**なぜなら**」「**というのは**」などがあります。

例 なぜなら、自給自足の生活が可能になり、狩猟採集のために移動し続ける必要がなくなったからである。

POINT 2 補足──前の事柄に反対の内容の説明を付け加える

補足の接続表現は、前の事柄についての反対の内容の説明を付け加えることを示します。「**もっとも**」「**ただし**」などがあります。

例 もっとも、ムラができることはよいことばかりではない。

▼逆接と補足の違い

「A。**しかし**、B」はBのほうが重要

「A。**ただし**、B」はAのほうが重要

POINT 3 転換──話題を変える

転換の接続表現が使われているとき、前後で話題が変わります。「**ところで**」「**さて**」「**では**」などがあります。

例 さて、ここまで稲作をきっかけとした集落の発生を見てきたが、ここからは現在の国家につながるような共同体のできていく様子を見ることにしよう。

演習

●次の文章を読んで、あとの問いに答えなさい。

言語はまさに「意味」そのものであることによって、それまで会ったこともない話し手と聞き手の間でも、これからも会うことがない書き手と読み手の間でも、意思の伝達を可能にするのです。そして、ひとたび同じ言葉を話し、同じ文字を書きさえすれば、人間と人間は同じ「人間」として意思を通じ合えることになるのです。

すなわち、言語の媒介は、血縁や地縁で結ばれた小さな集団を超えて、人間と人間とがまさに同じ「人間」として関係し合える「人間社会」を生み出すことになったのです。

［①］、法も貨幣も、どちらが先かは不明ですが、言語よりも遅く誕生したことは確かです（［②］、書き言葉の誕生とは時期的にそれほど離れていません）。

ひとたび法が成立すると、小さな集団の中のむき出しの力関係は、抽象的な権利と義務の関係に置き換わります。他人が私に危害を加えないのは、私の方が力が強いからではなく、私の人権を侵害しない義務を負っているからです。私が他人から不当な損害を受けても直接仕返しをしないのは、司法を通して賠償の義務を負わせる権利を持っているからです。

岩井克人『経済学の宇宙』

1 次のア～カの接続表現の役割を、あとから選びなさい。

ア なぜなら　イ もっとも　ウ というのは
エ ところで　オ ただし　カ さて

ⓐ 理由　ⓑ 補足　ⓒ 転換

ア［　］ イ［　］ ウ［　］ エ［　］ オ［　］ カ［　］

2 空欄①～②にあてはまる語句を、次から選びなさい。

ⓐ なぜなら　ⓑ ただし　ⓒ ところで

①［　］ ②［　］

3 波線部「他人が私に危害を加えない」とあるが、なぜか。その理由として最もふさわしいものを、次から選びなさい。

ⓐ 私の方が力が強いから。
ⓑ 私の人権を侵害しない義務を負っているから。

［　］

✔ CHECK 10講で学んだこと

□ 理由、補足、転換の接続表現を指摘できるようになった
□ 逆接と補足の違いを判別できるようになった

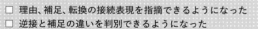

Chapter 3
11講

具体例

筆者の主張を説明するための具体例をとらえよう

▼ここからつなげる 論理的文章を読むときは「筆者の主張」をとらえる必要があります。「具体例」を発見したら、「具体例」の前後に「筆者の主張」を探しましょう。

考えてみよう

具体例に注意して、筆者の主張をとらえよう。

「アンビバレント」《主張》とは、心の中で相反する感情や考え方を心に抱いている状態のことを示します。（《具体例》たとえば、ダイエットをしている期間に、たまたま通り過ぎた店から大好物のハンバーグの匂いが漂ってきたとします。そこで、その店に入ってハンバーグを食べたいと思う一方で、ダイエット中であるから食べたくないという二つの感情が芽生えます。）人間は多面性を持つため、このようなジレンマを持つことが多々あります。

POINT 1 具体例のとらえ方

具体例は**例示**の接続表現と**まとめ**の指示語に注意して読むことで、とらえることができます。これらの接続表現や指示語は「**具体例のマーカー**」として覚えておきましょう。

▼具体例のマーカー

❶例示の接続表現「たとえば」
❷まとめの指示語「このような」「このように」「こういう」「そのような」「そのように」「そういう」

例 「アンビバレント」《主張》とは、心の中で相反する感情や考え方を心に抱いている状態のことを示します。（《具体例》たとえば、ダイエットをしている期間に、（…）ダイエット中であるから食べたくないという二つの感情が芽生えます。）

POINT 2 筆者の主張のとらえ方

筆者の主張は「**具体例の前後**」をチェックすることでとらえることができます。具体例は（　）でくくり、主張に「線」をひきましょう。

主張	「アンビバレント」とは、心の中で相反する感情や考え方を心に抱いている状態のことを示します。
← 具体例	たとえば、ダイエットをしている期間に、（…）ダイエット中であるから食べたくないという二つの感情が芽生えます。
← まとめ	人間は多面性を持つため、このようなジレンマを持つことが多々あります。

演習

●次の文章を読んで、あとの問いに答えなさい。

ところが私たちの利用する記号の中には、いま説明したア自然記号とは異なる性質をもつ、もう一つ別のタイプの重要な記号があるのだ。それは記号と、それが表わし示す事柄との相互関係が、自然記号のような因果関係や、高い共起の蓋然性などに支えられているものではなく、イ人為的社会的な、一種の取り決めに基づく記号である。

具体例として交通信号のことを考えてみよう。現在では世界中どこに行っても、人や車が進んでよいときは青（緑）、停止の合図は赤と決まっている。しかしこの赤色と停止、青色と進行の結びつきは、あらためて言うまでもなく、自然の因果関係でもなければ、人間にとって本能的生理的なものとも言えない。

何かと理由はあるにしても、結局は人間が社会的な約束事として、人為的に決めたものである。だからウこのような約束による取り決めを、もし何かの理由で知らなかった人にとっては、赤や青は記号としての意味を持たず、単なる色彩（光）でしかない。この点が煙と火のつながりや、カモメの乱舞を魚群の存在と結びつける自然記号とはまったく異なるのである。

鈴木孝夫『教養としての言語学』

1 傍線部ア「自然記号」とあるが、その具体例として何が挙げられているか。それぞれ本文中から一字と六字で二つ抜き出しなさい。

①

②

2 傍線部イ「人為的社会的な、一種の取り決めに基づく記号」とあるが、その具体例として何が挙げられているか。本文中から四字で抜き出しなさい。

3 傍線部ウ「このような約束による取り決め」とあるが、これと同じ内容を表している部分を、本文中から十五字で抜き出しなさい（句読点を含む）。

CHECK 11講で学んだこと

□「具体例」と「筆者の主張」を意識して、長い文章を簡潔に整理できるようになった

Chapter 3
12講
体験談

言いたいことを説明するための体験談をとらえよう

▼ここからつなげる 文学的文章（随筆文）では、「筆者の言いたいこと」をとらえるために「体験談」に注目します。「体験談」の前後で「筆者の言いたいこと」を探しましょう。

考えてみよう

体験談に注意して、筆者の主張をとらえよう。

（《体験談》年々受け取る年賀状の枚数が少なくなっている。実際、私も今年に送る年賀状は、祖父母やその親戚に送るものに限られており、特に幼少期の友人達には以前は年賀状を送っていたが、ここ数年で送るのをやめてしまっている。スマホを持つようになり、SNSによって、いつでも近況を伝えることができるようになったし、新年の挨拶もSNS上のやり取りで済むようになったことで、年賀状をわざわざ手間や時間をかけて作成しなくなったのである。）

このように、（《言いたいこと》文化や慣習といったものは変化しうるということを身に染みて感じることがある。）

POINT 1 時間に注意して体験談をとらえよう

体験談は筆者が言いたいことの基となっている「**体験**」を説明したものです。体験談は「**過去のこと**」であるので、「**時間を表す言葉**」に注意して、体験談をとらえましょう。

▼**時間を表す言葉**

❶ **過去の助動詞「た（だ）」**

例 年賀状をわざわざ手間や時間をかけて作成しなくなったのである。

❷ **過去を表す言葉**

例 幼少期の友人達には以前は年賀状を送っていた。

POINT 2 体験談に導かれる言いたいことをとらえよう

体験談の後、「**筆者の言いたいこと**」が導かれます。**体験談だけで理解するのではなく**、その後の「**筆者の言いたいこと**」とセットにして、**体験談**の意味を理解するようにしましょう。

体験談 ― このように → 言いたいこと

年々受け取る年賀状の枚数が少なくなっている。（…）スマホを持つようになり、SNSによって、いつでも近況を伝えることができるようになったし、新年の挨拶もSNS上のやり取りで済むようになったことで、年賀状をわざわざ手間や時間をかけて作成しなくなったのである。

文化や慣習といったものは変化しうるということを身に染みて感じることがある。

演習の解答 ➡ 別冊P.24

演習

● 次の文章を読んで、あとの問いに答えなさい。

私の場合は、雑誌の連載が終了を迎える経験を多くしています。四〇代半ばの頃、「打ち切り」と言ってよいようなことがあり、その時は「そんなに評価されていなかったのか」と大変ショックを受けました。出版社に文句を言うことこそありませんが、自分の中に憤懣《ふんまん》やるかたない気持ちや、一方で虚しさや力の足りなさへの残念な気持ちを感じたりしました。しかし不思議なもので、二回目に同じような経験をした時には、「そういうこともあるな」と素直に受け入れることができたのです。

ネガティブな状況をやり過ごすために、気持ちを慣れさせ過ぎているのではないか。あるいはそのことで、向上心が失われるのではないかと思われるかもしれません。でも、実際にはそうではないのです。

私はその時「雑誌は生き物という通り、そのサイクルに自分は組み込まれていただけなんだ。自分の連載が終わらなければ、新しい人は始められないわけだから、連載打ち切りは、雑誌の生命を保つ方法として自然なものだな」と気がついたのです。それ以降、私は編集者から連載終了を切り出されても、「わかりました！」と笑顔で受け入れられるようになりました。

そうした折り合いのつけ方を一度学ぶと、また何かあったときに「ああ、これもあのときと同じだな」と受け入れられるようになります。逆にそれができなければ、いつまでも過去の成功体験に振り回されて、自分がつらくなるばかりです。

齋藤孝《さいとうたかし》『50歳からの孤独入門』

1 本文中に「体験談」に相当する部分が三箇所あるが、それはどこか。それぞれの最初と最後の五文字を、本文中から抜き出しなさい（句読点を含む）。

① 最初　　　　　① 最後
② 最初　　　　　② 最後
③ 最初　　　　　③ 最後

2 「体験談」から導き出される筆者の言いたいことは何か。次の空欄にあてはまる語句を、本文中から抜き出しなさい。

雑誌の連載が終了を迎えたとき、最初は［①］ました。しかし、二回目は［②］のです。そうした折り合いのつけ方を一度学ぶと、また何かあったときにも［③］ようになります。

①
②
③

CHECK 12講で学んだこと

□「体験談」を含む長い文章の「筆者の言いたいこと」をとらえて、内容を簡潔に整理できるようになった

Chapter 3

13講

比喩

筆者が言いたいことを説明するための比喩をとらえよう

ここからつなげる 論理的文章でも文学的文章でも、読者がイメージしやすいように筆者は様々な「比喩」を試みます。「何を何にたとえているのか」に注意して読みましょう。

考えてみよう

何を何にたとえているのかに注意しながら読もう。

英語学習は早く始めるほど良いという意見がある。最近の脳科学の研究で、脳の約八割は三歳までに基礎が完成されることが明らかになったそうだ。この意味では、脳《隠喩》も生き物であり、この歳になるまでに「英語ができるようになるか」が決まるということになる。この分岐点において大切なことが、脳にドーパミン・サイクルを作るということである。これは、「嬉しいことや楽しいことがあると、ドーパミンが分泌され、再びやりたくなる」というサイクルである。脳《擬人法》が人を励ますのだ。

すなわち、幼少期から英語学習をすることで、それをまる《直喩》でアンパンマンを見るような楽しいこととして脳が感知するようになり、英語力が身についていくという仕組みが実現する。そのために、脳形成がされる前に英語学習をするべきであるという意見があるのだ。

POINT 1 表現技法に注意して「比喩」をとらえよう

比喩は筆者が言いたいことを別のものにたとえて、より具体的にイメージしやすくする表現技法です。比喩には直喩・隠喩・擬人法など様々な種類があります。

▼比喩の種類

❶ **直喩（明喩）…「ような」「みたいな」を使った比喩**

例 まるでアンパンマンを見るような楽しいこと

❷ **隠喩（暗喩）…「ような」「みたいな」を使わない比喩**

例 脳も生き物であり

❸ **擬人法（活喩）…人でないものを人にたとえる比喩**

例 脳が人を励ますのだ。

POINT 2 比喩を用いて言いたいことをとらえよう

比喩は筆者が言いたいことをイメージしやすく表現したものです。比喩を見つけたら、「**もともと筆者は何を言いたかったのか**」を比喩を用いない形でとらえ直すようにしましょう。

まるでアンパンマンを見るような楽しいこと（比喩）

←

幼少期から英語学習をすることで、それを楽しいこととして脳が感知するようになり、英語力が身についていくという仕組みが実現する。（筆者が言いたいこと）

演習

●次の文章を読んで、あとの問いに答えなさい。

また現在の日本は、一九八〇年代までのようなパイが拡大する社会でもなくなっています。むしろ格差社会と呼ばれるように、延々と経済停滞が続くなかで、①限られたパイの取りあいが始まっています。未来は現在の延長でしかありえず、今の日常が限りなく続いていくだけだとしたら、そこで問われるのは「私はどこへ行くのか」ではなく、「私はどこから来たのか」でしょう。

二〇〇九年四月に朝日新聞が一般読者を対象に行《おこ》なったモニター調査では、「タイムマシンがあったらどうするか」という問いに対して、「未来へ行きたい」と答えた人よりも、「過去へ行きたい」と答えた人のほうが、二〇ポイントも多くなっています。未来の自分を構想することに意義を見出《みいだ》せないとすれば、②たとえば前世の自分を求めてスピリチュアル・カウンセリングを受ける人たちのように、あるいは③トラウマ体験の記憶を幼少期に求めて精神分析を受ける人たちのように、自分の根源を探す旅へと精力を注ぐようになるのも当然の成り行きといえるでしょう。

土井隆義『キャラ化する／される子どもたち——排除型社会における新たな人間像』

1 傍線部①〜③の比喩の種類は何か。最も適当なものを、次から選びなさい。

ⓐ 直喩　ⓑ 隠喩　ⓒ 擬人法

① ＿＿　② ＿＿　③ ＿＿

2 傍線部①「限られたパイの取りあい」とあるが、この表現によって伝えたい内容は何か。最も適当なものを、次から選びなさい。

ⓐ 限られた食べ物の取りあい
ⓑ 限られた市場の取りあい
ⓒ 限られた人々の取りあい

＿＿

3 傍線部②・③の表現を説明した次の空欄にあてはまる語句を、本文中から抜き出しなさい。

［①］が、スピリチュアル・カウンセリングや精神分析を受ける人に、［②］という点で似ていることをふまえたたとえである。

① ＿＿　② ＿＿

CHECK 13講で学んだこと

□ 比喩の種類を見分けられるようになった
□ 比喩を用いて筆者が言いたいことをとらえられるようになった

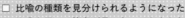

Chapter 3
14講

論証①
筆者の主張の根拠をとらえよう

▼ここからつなげる 筆者の主張は世の中の常識を覆すような内容が多いものです。そこで、筆者は読者に納得してもらうために、主張の「根拠」を述べます。

考えてみよう

● 接続表現を見つけ、主張・根拠を意識しながら読もう。

（《主張》グローバル化への動きが活性化する中で、世界の言語が統一されない）のは、各言語《根拠》にしか表せない領域があるからである《理由》。したがって《順接》、（《主張》グローバル化が進んでも世界の言語がある一つの言語に統一されることは、これから先も無いと言い切れるであろう）。

POINT 1 接続表現を見つけて主張の根拠をとらえよう

論証とは「**根拠を述べて主張を導くこと**」です。主張の根拠は「**順接の接続表現**」と「**理由の文末表現**」に注意することでとらえることができます。接続表現と対応する文末表現をチェックしながら読んでいきましょう。

例 （《主張》グローバル化への動きが活性化する中で、世界の言語が統一されない）のは、各言語にしか表せない領域があるからである。

▼論証をとらえるための表現(1)

❶ **順接の接続表現** 「だから」「したがって」「ゆえに」「それゆえ」「よって」「それで」「そこで」「すると」

❷ **理由の文末表現** 「〜からである」「〜からだ」

POINT 2 論証の形をとらえて筆者の主張をとらえよう

論証には「**根拠。したがって、主張**」と「**主張。なぜなら、根拠**」という形があります。

（主張） →なぜなら 根拠 ←したがって （主張）

グローバル化への動きが活性化する中で、世界の言語が統一されないのは、

各言語にしか表せない領域があるからである。

したがって、グローバル化が進んでも世界の言語がある一つの言語に統一されることは、これから先も無いと言い切れるであろう。

演習

● 次の文章を読んで、あとの問いに答えなさい。

渡来人たちが日本の内部で生活を営み、万葉集にも日本語の表現者として数々の和歌を綴《つづ》った時代と、二十世紀末の日本を重ね、奈良のおおらかさを現代の日本のこせこせした都市の中に求めることなど、むろん夢想の領域を出ないであろう。けれども、日本語が千二百年ぶりに、日本人として生まれなかった人たちにとって表現の媒体となりはじめているという事実に、もう一つの「国際化」の可能性をうかがうことは、かならずしも夢想ではないだろう。

その「国際化」は決して日本文化の特殊性を損《そこな》うものではない。なぜなら、コトバには人種上の拘束はないが、コトバは別の意味で拘束そのものであるからだ。特殊性を喜び、尊重し、そこから学ぼうという決意がなければ、自ら進んでその拘束を受けることはできない。日本語の中に秘蔵されている特殊性が人種から切り離されたとき、そこで生まれてくる新世界こそ、意外と日本文化の本来の姿であるかも知れない。

リービ英雄『日本語の勝利』

1 傍線部「その『国際化』」とあるが、どういうことか。次から最も適当なものを、選びなさい。

ⓐ 渡来人たちが日本の内部で生活を営み日本語で和歌を歌ったこと。
ⓑ 日本人が海外で生活して日本語を海外に伝えるようになったこと。
ⓒ 日本語が日本人として生まれなかった人にとっての表現の媒体となったこと。

2 本文中で述べられている筆者の主張はどういうものか。次から最も適当なものを、選びなさい。

ⓐ 「国際化」は日本文化の特殊性を損なうものだ。
ⓑ 「国際化」で生まれてくる新世界こそ、意外と日本文化の本来の姿であるかもしれない。

3 筆者の主張を裏付ける根拠を述べている一文を、本文中から抜き出しなさい。

CHECK
14講で学んだこと

□ 筆者の主張には根拠があることを意識して、論証の形をとらえられるようになった

Chapter 3
15講

論証②
筆者の主張の根拠をとらえよう

ここからつなげる 筆者の主張には根拠があるということを確認しましたが、根拠は一つとは限りません。複数の根拠があるときには、全てとらえて論証を整理しましょう。

考えてみよう

接続表現を見つけ、主張・根拠を意識しながら読もう。

魔女狩りが行われなくなったのはいつからだろうか。異端者を魔女に見立てて様々な刑罰や私刑を与え、秩序ある社会が守られていたのは数世紀も昔の話だ。むろん現在そのような扱いを誰かにすればそうした扱いをした者こそ異端者だとされる。異端者とは普通でないものを指すが、普通とはそれが当たり前で、ごくありふれたものであることを意味している。根拠① つまり当たり前でないものは排除されるし、ありふれていないものは糾弾されるのが人間社会なのである。そして、根拠② 当たり前、ありふれているというのは多くの人がそうであると認識しているかどうかで決まる。

以上のことから、主張 結局人間社会は多数決社会なのである。

POINT 1
接続表現を見つけて根拠をとらえよう

論証とは「**根拠を述べて主張を導くこと**」です。前講で学んだ接続表現に加えて、次の接続表現を覚えておくと、主張の根拠がとらえやすくなります。

▼**論証をとらえるための表現⑵**
❶ **帰結の接続表現** 「以上のことから」「それゆえ」「結論すると」
❷ **理由の接続表現** 「なぜなら」「というのは」

POINT 2
複数の根拠をとらえよう

論証に用いる根拠は一つとは限りません。根拠が複数挙げられている場合もあります。その場合は根拠がいくつ挙げられているのか整理して読み取るようにしましょう。

根拠① 当たり前でないものは排除されるし、ありふれていないものは糾弾されるのが人間社会なのである。
＋
根拠② 当たり前、ありふれているというのは多くの人がそうであると認識しているかどうかで決まる。
←
主張 人間社会は多数決社会なのである。

演習の解答 ➡ 別冊P.30

演習

● 次の文章を読んで、あとの問いに答えなさい。

辞書や文法書（あるいは、そのように実体化される以前の暗黙知）の類いは、言葉を理解する際の大きな手掛かりにはなるだろう。しかし、我々は、そうした手掛かりなしに未知の言葉をその場で解釈しなければならない場合もありうる（たとえば、全く馴染みのない外国に突然放り込まれた場合など）。デイヴィドソンは、その種の解釈を「根元的解釈（radical interpretation）」と呼んでいるが、同時に彼は、「①どんな場合であれ他人の話を理解することは根元的解釈を含む」と指摘している。なぜなら、繰り返すように、既知の言葉でもそれが使用されるのは常に新たな文脈においてである以上、その言葉の過去の使用例をそのまま適用することはできないからである。それゆえ、過去の言語使用から帰納的に取り出された規則の体系を学び取ったとしても、②それだけでは言語を習得したことにはならないのである。

古田徹也『文化に入り行く哲学―デイヴィドソンの言語哲学の限界をめぐって―』

1 傍線部①「どんな場合であれ他人の話を理解することは根元的解釈を含む」とあるが、それはなぜか。理由として最も適当なものを、次から選びなさい。

ⓐ 辞書や文法書といった手掛かりなしに未知の言葉をその場で解釈しなければならないから。

ⓑ 全く馴染みのない外国に突然放り込まれた場合は、辞書や文法書があったとしても使い方がわからないということもあるから。

ⓒ 既知の言葉でもそれが使用されるのは常に新たな文脈においてである以上、その言葉の過去の使用例をそのまま適用することはできないから。

2 傍線部②「それだけでは言語を習得したことにはならない」とあるが、それはなぜか。理由として最も適当なものを、次から選びなさい。

ⓐ 過去の言語使用から帰納的に取り出された規則の体系は現実には全く使うことができないから。

ⓑ 過去の言語使用から帰納的に取り出された規則の体系をそのまま使うことはできないから。

ⓒ 過去の言語使用から帰納的に取り出された規則の体系は時代が変わるにつれて変化していくものだから。

✔ CHECK
15講で学んだこと

□ 接続表現に注意して根拠と主張を見分けられるようになった
□ 根拠と主張をふまえて文章を要約できるようになった

Chapter 3

16講 問題提起

疑問文が出てきたら、その答えが筆者の主張

▼ここからつなげる 筆者は注意を引くためにあえて疑問を投げかけます。読者が答えを知りたくなってから答えをいうことで主張を印象付けるのが「問題提起」の働きです。

考えてみよう

問題提起の答えを探しながら読もう。

過疎化が進む現代日本で、シャッター街が激増している。かつて栄えていた様相のみを残しながら、人気を失っている。そうした現状に歯止めをかけるべく、「食べ歩き」による商店街の観光地化が進められている。そこに行けばなんでも揃った「商店街」という場所は百貨店やショッピングモールに取って代わられ、商店街は生活の中心の場ではなくなってしまった。そこでせめてもと動き出したのが、商店街の観光地化である。地元の人々の生活の場でないなら、他の地域の人々の観光の場になればいいというアイデアである。

しかしここで注意すべきは、新規《問題提起》の客層を得る代わりに、既存の客層を手放してはいないか、という点である。京都《答え》の錦市場は、かつてお正月になれば誰もが御節の材料を買い揃えに集う歴史ある商人の町であったが、「食べ歩き」ブームによってそれらの品揃えが悪くなり、古くからの客足が遠退《とおの》いてしまった。果たして観光地化は、本当に商店街にとって現状打開の一手となり得るのであろうか。

POINT 1 疑問文が出てきたら「問題提起」と考えよう

問題提起とは、あえて読者に疑問を投げかけることで読者の注意を引く方法です。**疑問文**がでてきたら問題提起ではないかと考えましょう。

▼「疑問文」の形

疑問の終助詞「か」

㊀ 果たして観光地化は、本当に商店街にとって現状打開の一手となり得るのであろうか。

※「だろう」という推量とセットで出てくることが多い

※「～ではないだろうか」は反語で「～だ」という意味が多い

POINT 2 「疑問文の答え」をとらえよう

問題提起で**疑問文**を投げかけた後で、筆者がその疑問に対して「答え」をいいます。その「答え」が「**筆者の主張**」です。

疑問文

新規の客層を得る代わりに、既存の客層を手放してはいないか（?）

↓

答え

京都の錦市場は、かつてお正月になれば誰もが御節の材料を買い揃えに集う歴史ある商人の町であったが、「食べ歩き」ブームによってそれらの品揃えが悪くなり、古くからの客足が遠退いてしまった。（!）

演習の解答 ➡ 別冊P.32

演習

● 次の文章を読んで、あとの問いに答えなさい。

市場が地球大となり、経済による政治の「周辺化」が進んだことは何をもたらしているか。何よりもまず、税の徴収が困難となっている。高い収益を上げる企業ほど、所在地を租税回避地に移し、法人税を納めない。これに対し、租税回避地がそうしたサーヴィスを提供しているのは、一種の政治の役割であり、政治に機能があることを逆説的に示している、という議論もある。しかし現実に、企業の租税回避は、早く産業化した諸国の法人税収入に大きな影響を与えているし、それをとどめる手段を、それぞれの国家機構がもっているわけではない。通信技術の発達など、技術的な条件の変化が、市場によるこうした形での政治への攻撃をますます容易にしている。

租税回避をしているのは企業だけではなく、高額所得者の間にもそうした行動は広まり、所得税の徴収に深刻な影響を及ぼしている。皮肉なことに、多額の納税額が見込まれる高額所得者ほど、税を免れる能力をもつことが明らかになった。結局、どこにも移動することができず、雇用不安を抱えながら、国際競争の中でますます低下しつつある賃金に依存する人びとが支払う付加価値税が、主たる財源として残される。

杉《すぎ》田《た》敦《あつし》『政治の現在と未来』

1 本文中で「問題提起」の役割をしている文はどの文か。また、その答えとなる文はどの文か。それぞれの一文の最初の五字を抜き出しなさい（句読点を含む）。

問題提起

答え

2 本文の論旨を次のような形でまとめた。次の空欄にあてはまる語句を、本文中から抜き出しなさい。

市場が地球大となり、経済による政治の「周辺化」が進んだことにより、①が困難となっている。②ほど、所在地を租税回避地に移し、③を納めない。また、企業だけでなく、④の間にもそうした行動は広まり、⑤に深刻な影響を及ぼしている。

① ② ③ ④ ⑤

✔ CHECK
16講で学んだこと

□「疑問文の答え」を見つけられるようになった
□「問題提起」とその「答え」から「筆者の主張」を読み取れるようになった

Chapter 3

17講 引用

筆者以外が書いた文が出てきたら、筆者の主張と関連させる

▼ここからつなげる 他者の文を筆者が引用したら、その役割を考えましょう。「主張」の「根拠」なのか、「具体例」なのか、「反対意見」なのかを考えながら読みましょう。

考えてみよう

引用と筆者の主張の関係を考えながら読もう。

今を生きる我々が歴史に学ぶことは多い。SNSの発展した現代では、言論の自由を掲げ誰もが自分の意見を好き勝手に発信しているが、それゆえのトラブルもある。こうした現代的な問題に出くわしたときにも、歴史に立ち返ると何かしら解決のヒントを見出《みいだ》せることが多い。

「自由と我儘《わがまま》の界《さかい》は、他人の妨げをなすとなさざるとの間にあり」（福沢諭吉『学問のすゝめ』）

他人の不幸を招くような自由は、自由とは呼べない。福沢は同書で自分が使える自由はその人が負える責任に比例する、とも言っている。これは、明治の、自由が何かもわからなかった時代の書物が歴史として我々に与えてくれたヒントである。SNSの誹謗《ひぼう》中傷により自殺に追い込まれた人のニュースを見かけることも珍しくなくなったこの時代に、自分たちの発言にはそれだけの力があり、それに見合った責任を負うと各々が自覚し、自由を行使していかなければならないことを、歴史が教えてくれている。

POINT 1 引用のとらえ方――「形式」

引用は筆者の文章のなかに「**他者の文章**」を組みこんだものです。通常は「**一行空けて、一段下げて始まる**」ことが多いです。引用は筆者の主張の**根拠・具体例・反対意見**といった働きをしています。

▼引用の目印

筆者の文章

引用の文章（一行空けて、一段下げる）

POINT 2 引用のとらえ方――「解釈」

引用があると、その後の文章で「**筆者の説明**」が書かれます。**引用だけで理解するのではなく**、その後ろの「**筆者の説明**」と照らし合わせて、「引用」の意味を理解するようにしましょう。

「自由と我儘の界は、他人の妨げをなすとなさざるとの間にあり」（引用の文章）

↓

他人の不幸を招くような自由は、自由とは呼べない。福沢は同書で自分が使える自由はその人が負える責任に比例する、とも言っている。（筆者の説明）

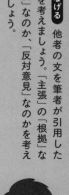

演習の解答 ➡ 別冊P.34

演習

●次の文章を読んで、あとの問いに答えなさい。

分析心理学者のC・G・ユングは一九二五年、アフリカに旅し、エルゴン山の住民を訪ね、彼らが毎朝、太陽を拝んでいるのを見る。そこで、昼間に太陽を指さし、あれは神かと尋ねるが、否という答を得る。不思議に思って話し合っているうちに、ユングは彼らにとって「太陽の昇ってくる瞬間が神なのだ」という認識をする。太陽は神か神でないか、という問いがナンセンスなのである。太陽が昇ってくる瞬間、それを見る人が体験すること、そのすべてが神の体験なのである。

このような考えに従うと、「現実」というものが、それほど単純でないことがわかる。

プロ・スポーツなどはどうであろう。それに関心のない人が見れば、まったくどうということもない。しかし、ファンから見れば選手の一挙手一投足に悲喜こもごもの感情をかきたてられるだろう。その結果次第で一日が明るくなったり暗くなったりする。勝負に賭けている人では、見えるものがまた異なって見えることであろう。一人の選手が万人の「夢」を一瞬に実現してくれる。しかし、それは他の人にとってはまったく無意味ということになる。

河合隼雄《かわいはやお》『日本文化のゆくえ』

1 本文中で「引用」の役割をしている部分の最初と最後の五字を抜き出しなさい（句読点を含む）。

最初

最後

2 「引用」から導かれる筆者の主張を、本文中から二十字以内で抜き出しなさい。

3 本文の中で出てくる「現実」とはどういうものか。最も適当なものを、次から選びなさい。

ⓐ 見る人の関心によって異なったものに見えるもの。
ⓑ 見る人に悲喜こもごもの感情をかきたてるもの。
ⓒ 見る人にとってはまったく無意味ということになるもの。

✔ CHECK
17講で学んだこと

□「引用」の働きを見分けられるようになった
□「引用」の後ろから、筆者の「解釈（説明）」を見つけられるようになった

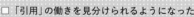

Chapter 3
18講

譲歩

筆者は主張に説得力を持たせるために、反対意見に一歩譲る

▼ここからつなげる 筆者は自分の主張に説得力を持たせるためにあえて反対意見に一歩譲ります。逆接の接続表現に注意して、筆者の主張を見落とさないようにしましょう。

考えてみよう

譲歩からの筆者の主張への転換に注意しながら読もう。

「叱って伸ばす」教育方針には限界がある。日本の自衛隊や高校の野球部などは、厳しい規律の中で「叱る」ことにより、よりよい活動と成果を目指している。しかし、一九二五年に行われた発達心理学者エリザベス・ハーロックによる実験では、人は褒められた方が成長できる、という明確な結果が出ている。（たしかに、叱ることで直すべき部分を指摘し直接的に気づかせることも大事かもしれないし、そうした指導に一定の効果があることは認めなければならない。）しかし、叱ることにより与えられる精神的負荷は、それを差し引いてもあまりあるほど成長を阻害するものとなってしまう。

POINT 1 「譲歩」のマーカーに注意しよう

譲歩は「筆者の主張とは反対の意見に対して一歩譲る」というレトリックです。譲歩には目印となる「マーカー」があることが多いので、チェックするようにしましょう。

▼「譲歩」のマーカー

「たしかに」「もちろん」「なるほど」「むろん」（反対意見）

↓

「しかし（逆接）」（筆者の主張）

POINT 2 「譲歩」に注意して筆者の主張をとらえる

譲歩を読むときは一歩譲った反対意見から、「筆者の主張」に転換するところが重要です。譲歩を利用して筆者の主張をとらえましょう。

△たしかに、叱ることで直すべき部分を指摘し直接的に気づかせることも大事かもしれないし、そうした指導に一定の効果があることは認めなければならない。（反対意見）

↓

◎しかし、叱ることにより与えられる精神的負荷は、それを差し引いてもあまりあるほど成長を阻害するものとなってしまう。（筆者の主張）

演習

● 次の文章を読んで、あとの問いに答えなさい。

「書は人なり」「書は文字の美的工夫」「書は文字の美術」「書は線の美」——いずれも、近代に入って「書とは何だろうか」という問いが浮かび上がり、何とかそれを言葉で説明しようとして、たくさんの人が考えぬいたところから生《うま》れてきた説明です。しかし、これらの普通に考えられている説は、たしかに書の一面を言いあてていますが、十分なものではありません。おおよそは当《あた》っているとしても、書の美の核心部を射ぬいた言葉ではありません。それでは書はどのような芸術だと考えればよいのでしょうか。

「書は言葉を書く」ところに生れる表現です。書は文字の「美的工夫」とする説も「線の美」とする説も、ともに「文字」を出発点に措《お》いたところが誤りです。文字は言葉ですから、言葉を出発点に考えるべきです。しかもその言葉を生み出すのは書き言葉においては「書く」という行為ですから、「書く」というところ（現場）から考えるべきでもあります。まさに「書」とは「書」、「書く」ことにほかなりません。書家とは、一般に考えられているような書道家の別名ではなく、文字通り、書く人、「物書き」の別名であると考える時、書というものの本当の姿に出会えるように思われます。

石川九陽『書に通ず』

1 本文中から「譲歩」と「逆接」を含む一文の最初と最後の五字を抜き出しなさい（句読点を含む）。

最初 ［　　　　　］　最後 ［　　　　　］

2 傍線部「書はどのような芸術だと考えればよいのでしょうか」とあるが、筆者は書をどのような芸術だと考えているか。最も適当なものを次から選びなさい。

ⓐ 文字を美しく書く芸術
ⓑ 書き言葉において書く芸術
ⓒ 人格を表現した文字を書く芸術

［　　］

3 「書」という芸術を行う人はどういう人か。筆者の考えに最も近い表現を本文中から抜き出しなさい。

［　　］

CHECK 18講で学んだこと

□「譲歩」のマーカーを見つけられるようになった

Chapter 4
19講

心情の基本（単純な心情）

原因と結果から、心情をとらえよう

▼ここからつなげる 「心情」の表現は必ずしも書かれているとは限りません。「原因」と「結果」から、登場人物の「心情」を推察できるようになりましょう。

考えてみよう

原因と結果から心情を推察しながら読もう。

(原因)試合終了間際にインターハイ出場への願いを込めて放った亮太のシュートがゴールネットを揺らすことはなかった。試合終了を告げるホイッスルが鳴る。(反応)亮太は唇を噛《か》んでうつむき、頬を濡《ぬ》らす涙を見られまいとした。コーチやチームメイトが駆け寄ってきて、亮太を励ましたが、亮太はそれを受け入れることができなかった。(行動)みんなに黙って人気のないトイレに移動し、慟哭《どうこく》した。(心情)自分のせいだ――そう思った。

POINT 1 心情が発生する「原因」と「結果」をとらえよう

心情は「心情を表す語」に注意することで、とらえることができます。まずは「プラス心情」なのか「マイナス心情」なのかを考え、その心情が発生した「原因」と「結果」をとらえましょう。

▼**心情の基本形**

原因 「出来事」「事件」など

↓

心情語 「嬉しい」「悲しい」など

↓

結果 「行動」「反応」「発言」など

POINT 2 見えない心情も「原因」「結果」から推察

心情は見えないものなので、直接書かれていない場合もあります。その場合は「原因」と「結果」から「心情」を推察しましょう。

原因 試合終了間際にインターハイ出場への願いを込めて放った亮太のシュートがゴールネットを揺らすことはなかった。（出来事）

↓

心情 自分のせいだ――そう思った→「悔しい」

↓

結果 亮太は唇を噛んでうつむき、頬を濡らす涙を見られまいとした。（反応）
みんなに黙って人気のないトイレに移動し、慟哭した。（行動）

演習の解答 ➡ 別冊P.38

演習

●次の文章を読んで、あとの問いに答えなさい。

三鷹《みたか》の家主から返事が来た。読んで、①がっかりした。雨が降りつづいて壁が乾かず、また人手も不足で、完成までには、もう十日くらいかかる見込み、というのであった。うんざりした。ポチから逃れるためだけでも、早く、引越してしまいたかったのだ。私は、へんな焦躁《しょうそう》感で、仕事も手につかず、雑誌を読んだり、酒を呑《の》んだりした。ポチの皮膚病は一日一日ひどくなっていって、私の皮膚も、なんだか、しきりに痒《かゆ》くなって来た。深夜、戸外でポチが、ばたばたばた痒さに身悶《みもだ》えしている物音に、幾度ぞっとさせられたかわからない。たまらない気がした。いっそ、ひと思いにと、狂暴な発作に駆られることも、しばしばあった。家主からは、更に二十日待て、と手紙が来て、私のごちゃごちゃの忿懣《ふんまん》が、たちまち手近のポチに結びついて、こいつあるがために、このように諸事円滑にすすまないのだ、と何もかも悪いことは皆、ポチのせいみたいに考えられ、奇妙にポチを呪咀《じゅそ》し、ある夜、私の寝巻に犬の蚤《のみ》が伝播《でんぱ》されてあることを発見するに及んで、②ついにそれまで堪えに堪えてきた怒りが爆発し、私は、ひそかに重大の決意をした。

太宰治《だざいおさむ》『畜犬談』

1

傍線部①「がっかりした」とあるが、なぜ「私」はそのような気持ちになったのか。最も適当なものを、次から選びなさい。

ⓐ 早く引っ越したいのに、家の完成がもう十日くらいかかるという三鷹の家主からの返事を読んだから。
ⓑ ポチの皮膚病は一日一日ひどくなっていって、私の皮膚も、なんだか、しきりに痒くなって来たから。
ⓒ 仕事も手につかず、雑誌を読んだり、酒を呑んだりするだけの生活を過ごすことになってしまったから。

2

傍線部②「ついにそれまで堪えに堪えてきた怒りが爆発し、私は、ひそかに重大の決意をした」とあるが、このときの「私」の気持ちはどのようなものか。最も適当なものを、次から選びなさい。

ⓐ 家主から家の完成までさらに二十日待てとの手紙が来て、念願の引っ越しができずに残念だという気持ち。
ⓑ 犬のせいで引っ越しが思うように進まず、犬に呪われているのではないかと考え、ぞっとする気持ち。
ⓒ 私の寝巻きに犬の蚤が伝播されてあることを発見したため、犬に対する怒りが頂点に達したという気持ち。

✔ CHECK 19講で学んだこと

□「心情」の「原因」を見つけられるようになった
□「心情」を「原因」「結果」から推察できるようになった

Chapter 4
20講

心情の変化と変化の原因に注意しよう

心情の応用1（心情の変化）

▼ここからつなげる 登場人物の「心情」は話の展開とともに変化していきます。心情の変化の直接的な「原因」は何なのかに注意しながら話の展開をとらえていきましょう。

考えてみよう

心情の変化とその原因を意識しながら読もう。

試験終了を告げるベルが鳴った。（心情A）明美の心中は晴れ晴れとしていた。定期試験に向けて、三週間前から準備してきた成果を発揮できたと思った。答案の回収が終わり、生徒たちがおのおの試験の感想を話し始める。努めて平静を装っていたが、やはり他の人たちがどんな解答をしたのかは気になる。（変化の原因）どうやら、今回の試験は難しく感じた生徒が多かったらしく、目に入る生徒の顔色は一様に悪い。はじめこそ、自信満々な明美だったが、周囲の様子に流され、（心情B）だんだん不安になってきた。特に、他の人の解答と自分の解答が一致していないのが分かると、答案を書いたときにあった自信すら萎《しぼ》んでいく。どんどん疑心暗鬼になり、答案に名前を書き忘れなかったか不安になってきた。何度も確認したから大丈夫なはず、明美は自分にそう言い聞かせた。

POINT 1 心情の「変化」をとらえよう

心情はあることをきっかけに別の心情へと変化します。これが「**心情の変化**」です。「**心情Aから心情Bへの変化**」と「**変化の原因**」をとらえましょう。

心情A　明美の心中は晴れ晴れとしていた。

↓

変化の原因　どうやら、今回の試験は難しく感じた生徒が多かったらしく、目に入る生徒の顔色は一様に悪い。

↓

心情B　だんだん不安になってきた。

POINT 2 心情の変化は「変化を表す表現」に注意

心情の変化は心情Bの部分に「**変化を表す表現**」がある場合が多いです。ですから、変化を表す表現があったら、心情の変化なのではないかと考えましょう。

▼変化を表す表現…「〜になった」「〜が変わった」など

例 どんどん疑心暗鬼になり、答案に名前を書き忘れなかったか不安になってきた。

演習

● 次の文章を読んで、あとの問いに答えなさい。

結局福島行きのことは真人には告げず、のゆりは電話を切った。席まで帰る途中に、また父子《おやこ》連れを見やった。男の子は、おむすびを食べているところだった。そろえた膝の上におもちゃの新幹線をのせ、アルミホイルに包まれた大きな海苔《のり》むすびを、両手でホイルごとしっかりつかんでいる。閉じた口もとが上下にこきざみに動く。顎には、ご飯粒がひとつぶ、くっついている。

父親の方と目が合ったので、のゆりは軽く会釈した。父親が会釈を返すと、男の子ものゆりに気づき、父を真似《まね》て頭を下げる。「おいしそうだね」とのゆりが声をかけると、①男の子は恥ずかしそうにうつむいた。それからすっと顔を上げ、「おいしいねん」と、はきはき答えた。

東京駅で、東北新幹線のホームに上がったとたんに、②のゆりは心ぼそくなった。のゆりは思う。東北新幹線のホームには、たくさんの人がいた。山陽新幹線と東北新幹線って、同じ新幹線なのに、ずいぶん感じが違う。混みあっていて、人の動きも活発なのに、雲がかかって日の差しかたがにぶくなってしまったような感じを、のゆりはこのホームに来ると、つい受けてしまうのだった。

川上弘美《かわかみひろみ》『風花』

1 傍線部①「男の子は恥ずかしそうにうつむいた」とあるが、このときの「男の子」の気持ちはどういうものか。最も適当なものを、次から選びなさい。

ⓐ のゆりに声をかけられたが、男の子は女性なれしていなかったので、恥ずかしいという気持ち。

ⓑ 「おいしそうだね」と言われて、おむすびを食べていることが知られ、恥ずかしいという気持ち。

ⓒ ご飯粒がくっついていることがばれて、早くご飯粒をとらなくてはと思う、恥ずかしいという気持ち。

2 傍線部②「のゆりは心ぼそくなった」とあるが、このときの「のゆり」の気持ちはどういうものか。最も適当なものを、次から選びなさい。

ⓐ 父子連れとのやりとりに和んでいたが、山陽新幹線と違う東北新幹線のホームで一人になり、心細い気持ち。

ⓑ 東北新幹線のホームは混み合っていて、人の動きが活発なので、心細いと同時に一人ではないと安心した気持ち。

ⓒ ホームで一人で立っていて心細かったが、父子連れとのやりとりを思い出して、心温まる気持ち。

✔ CHECK 20講で学んだこと

□「心情」の「変化の原因」をとらえられるようになった

Chapter 4
21講

原因と心情がつながらなければ登場人物の特殊事情を探そう

心情の応用②（結合原因の心情）

▼ここからつなげる　登場人物の「心情」とその「原因」がつながらないと感じることもあります。その場合には登場人物の特殊な事情を踏まえると、心情を理解できます。

考えてみよう

特殊事情に注意して、結合原因の心情を意識しながら読もう。

［原因A］（「雨強くなってるね」顔をしかめながら信正さんが言う。奥さんからもらったばかりのネクタイが濡れるのがよほど嫌なのだろう。）［心情］僕は傘を貸す気にはなれなかった。［原因B］（先月の大雨の時、傘を忘れた僕に信正さんは何もしてくれなかったもんな。それに、よく考えたら信正さんの家は地下鉄の駅からすごく近いんだった。傘が無くて困るのは、どちらかといえば僕の方に違いない。）

POINT 1 原因と心情の「飛躍」をとらえよう

心情は「**原因**」があって発生しますが、その「**原因**」と「**心情**」が一見すると**飛躍**している場合があります。その場合は登場人物の**特殊事情**が隠されていると考えて探しましょう。

▼原因と心情が飛躍している場合

原因　例　K助は風邪をひいてしまった。
↓（飛躍）
心情　例　K助は喜んだ。（なんで?）

POINT 2 結合原因の心情は「特殊事情」をさがそう

結合原因の心情は「**原因A**（**出来事・事件**）」と「**原因B**（**特殊事情**）」がセットになって、ある心情を発生させる形です。**原因と心情に飛躍があった場合**には、**二つの原因をとらえましょう**。

原因A　「雨強くなってるね」顔をしかめながら信正さんが言う。奥さんからもらったばかりのネクタイが濡れるのがよほど嫌なのだろう。
↓（飛躍）
心情　僕は傘を貸す気にはなれなかった。
↑
原因B　先月の大雨の時、傘を忘れた僕に信正さんは何もしてくれなかったもんな。それに、よく考えたら信正さんの家は地下鉄の駅からすごく近いんだった。傘が無くて困るのは、どちらかといえば僕の方に違いない。

演習

●次の文章を読んで、あとの問いに答えなさい。

「あのさ、考えたんだけど、君、日本に帰る気はないか」

「なぜ」

「なぜって、まあ随分ながくこちらに居たじゃないか。もう充分だろう」

「まだ、やりたいことをやりかけだわ。先生だってこれからだと言ってくださるんだもの」

「誰だ、その先生ってのは」

「レーベジェフさんよ。昨日、話したじゃない」①妹は今度は怒ったように言った。「マリニイ座で先月も出た一流の俳優よ。日本人で彼に教えて頂いているのは私一人よ」

②私は思わず、自分たちの周囲をもう一度みまわした。相変わらず異様な髪の形をした女や、肋骨のような外套《がいとう》を着た男たちが幾十人もキャフェのなかを右往左往していた。これらは屑《くず》だ。どれもこれも巴里《パリ》のなかで自分だけは才能があると思い、沈んでいく連中だ。妹も今、この異国の都会でその一人になろうとしている。

遠藤周作『肉親再会』

1 傍線部①「妹は今度は怒ったように言った」とあるが、このときの「妹」の気持ちはどういうものか。最も適当なものを、次から選びなさい。

ⓐ 才能がないから日本に帰る気はないかと兄に言われて、図星を突かれて取り乱す気持ち。
ⓑ まだやりたいことをやりきっていないのに、もう充分だろうと言われて、がっかりする気持ち。
ⓒ 一流の先生に教えてもらっていることを誇っていたが、兄にわかってもらえず苛立《いらだ》つ気持ち。

2 傍線部②「私は思わず、自分たちの周囲をもう一度みまわした」とあるが、なぜこのような態度を「私」はとったのか。その説明として最も適当なものを、次から選びなさい。

ⓐ 突然怒りを露わにした妹の姿は芸術に行き詰まった焦りの結果であり、この苦悩の状態の中で信念を貫き通すことができず、自信に満ちあふれた人々の中で脱落するのではないかと感じたから。
ⓑ 先生という権威を借りて自分には才能があることを認めさせようとする妹の姿は、異様な恰好《かっこう》をするなどして、芸術家としての才能があるかのようにふるまう人々と同じではないかと感じたから。

✔CHECK
21講で学んだこと

☐ 原因と心情の「飛躍」をとらえられるようになった
☐ 登場人物の「特殊事情」をとらえられるようになった

Chapter 4
22講

相反する心情とそれぞれの心情の原因をとらえよう

心情の応用③（心情の交錯）

▼ここからつなげる 相反する心情が二つ同時に存在するのがいわゆる「複雑な心情」です。この場合はそれぞれの心情の原因をとらえることで理解することができます。

考えてみよう

相反する二つの心情とそれぞれの原因を意識しながら読もう。

（貴子《原因A》が次の演奏会でソロパートの奏者に選ばれたこと）を、香織は手放しで喜ぶことができなかった。貴子とは入部以来大の仲良しで、いつも一緒に練習してきた。（本来《心情A》であれば、そんな友達がソロを吹くことを喜ぶべきだ）、そんなことは香織にも常識的にわかっていた。でも、貴子は、（友達である）と同時にライバル《原因B》でもあった。去年まで、ソロを担当できるのは先輩だけだったから、貴子と競わなければならないという意識はあまりなかったが、三年生《心情B》になったらやっぱり自分がソロを吹きたいという気持ちがどこかにある。今日の帰り道、どんな話をしよう。ちゃんと、よかったねって言ってあげられるだろうか。今まで貴子に対して抱いたことの無かった複雑な気持ちに、香織は驚いていた。

POINT 1 相反する「二つの心情」をとらえよう

心情は一つだけとは限りません。ときとして相反する二つの心情が同時に存在することもあります。そのような状態を**心情の交錯**といいます。

▼心情の交錯

心情A **プラス心情** 「喜ばしい」など
＋
心情B **マイナス心情** 「悔しい」など

POINT 2 それぞれの心情の「原因」をとらえよう

心情の交錯の場合、「心情A」と「心情B」がありますが、それぞれに別の原因があります。「**心情Aの原因A**」、「**心情Bの原因B**」とそれぞれ分けてとらえましょう。

原因A 友達がソロを吹くこと
↓
心情A 喜ぶべきだ
＋
原因B ライバル
↓
心情B 自分がソロを吹きたいという気持ち

演習の解答 ➡ 別冊P.44

演習

●次の文章を読んで、あとの問いに答えなさい。

ただ、現実あるいは夢が彼のつくりごと以上であったことは、意外にも、その石膏《せっこう》の女の顔が、彼の死んだ母の顔にそっくりであったことだ。何物かそれを彼の母であると彼に固く信じさせたものがあった。そのため、彼は彼の心の恐怖をおもてに現すまいと一生懸命に努力した。——その瞬間、彼の母の顔はやさしく微笑《ほほえ》んだように見えた。それから彼女は急に彼の上にのしかかるようにしながら、彼の唇の上にそっと接吻《せっぷん》をした。彼はその接吻が気味わるくひやりとするだろうと思っていたのに、その唇はまるで生きているように温かかった。——次の瞬間、彼は愛情と恐怖とのへんな具合に混ざり合った、世にもふしぎな恍惚《こうこつ》を感じだしていた。

堀辰雄《ほりたつお》『鼠《ねずみ》』

1 傍線部「彼は愛情と恐怖とのへんな具合に混ざり合った、世にもふしぎな恍惚を感じだしていた」とあるが、このときの「彼」の二つの心情を表す語句を、それぞれ本文中から二字で抜き出しなさい。

心情①

心情②

2 傍線部「彼は愛情と恐怖とのへんな具合に混ざり合った、世にもふしぎな恍惚を感じだしていた」とあるが、このときの「彼」の心の動きの説明として最も適当なものを、次から選びなさい。

ⓐ 石膏の女と唇をかさねるという奇妙な体験の中で恐怖を感じながらも、少年の心に生前の母のやさしさや愛情がよみがえり、少年はなつかしさのあまりうっとりとなった。

ⓑ 少年は自分のつくりごとをこえた事態の展開に恐怖感をいだきつつも、そこに出現した母の唇のぬくもりに愛情をよびさまされ、官能をともなった喜びにわれをわすれた。

ⓒ 死んだ母がのりうつったような石膏の人形と接吻したとき、意外にも恐怖感は消えさり、少年はそこに血の通ったあたたかさとたとえようのない興奮を覚えた。

✔ CHECK
22講で学んだこと

□「心情の交錯」をとらえられるようになった
□「複雑な心情」の、それぞれの「原因」を分けてとらえられるようになった

Chapter 5
23講

否定②

否定は文章を分ける

ここからつなげる 「AではなくB」というカタチはAとBを分けて、対立させるときに用いられます。対立関係をとらえることは重要なので、「否定」には注意しましょう。

考えてみよう

否定の形に注意しながら読もう。

子育てに適しているのは田舎か都会かという問題がある。私は田舎ではなく都会で子育てをする方が良いと思う。田舎で子育てをすると、子供が自然の中で遊び、伸び伸びとした性格が形成され人間的な成長をしやすいという特徴がある。一方で、都会で子育てすると学校や習い事など学びの機会が豊富であることから、能力的な成長をしやすいという特徴がある。ただ、田舎暮らしによる恩恵の「伸び伸びとした性格」は得られる確証のない曖昧なメリットであるのに対し、都会暮らしによる恩恵の「豊富な学習機会」は都会に住めば確実に享受できるメリットである。また、仮に将来「おおらかな性格」を得た子供と「高い能力」を得た子供が社会に出たとして、どちらがより幸せになっているだろうか。田舎で育つことで性格は都会育ちよりもおおらかになるかもしれないが、学習機会が限られ、都会育ちの子に能力で劣ってしまっていたとき、その子はどう思うだろうか。きっと、そのおおらかな性格でも看過できないほど「都会で育ちたかった」と思うだろう。

POINT 1 否定の形──「Aではなく、（むしろ）B」

否定は、「Aではなく、（むしろ）B」という形で文章の中に現れます。この場合「A」は一般論、「B」は筆者の主張になっている場合が多いです。筆者の主張をとらえるために「Aではなく、（むしろ）B」という形に注目しましょう。

例 田舎ではなく都会

POINT 2 比較の形──「Aよりも、（むしろ）B」

比較も、「A」と「B」を分けるという点で否定に似た働きをします。何と何を比べているかに注意しながら読むとよいでしょう。

例 田舎で育つことで性格は都会育ちよりもおおらかになる

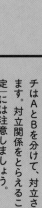

演習の解答 ➡ 別冊P.46

演習

●次の文章を読んで、あとの問いに答えなさい。

さらに、人格を形成していくための重要な場所として、かつては技術の修得が今日よりもはるかに重い手応えを持っていました。現在も技術の修得が人間を作っていることは事実ですが、しかし、これもまた、残念ながらその重さの点で戦線を縮小しつつあるといわなければなりません。たとえば、昔は大工さんになるためには一生の努力を必要とするといわれたもので、私のうちへ時たま来てくれる大工さんは三十年のベテランですが、そういう人が、「大工というものは一生修行ですよ」と今でもいっています。しかし、その後で彼は頭をかいて、「今どきこんなことといっていると、時代からとり残されますがね」とつけたすのです。

というのは、現代では技術そのものが①現実体験ではなくて、②情報化された一種の知識の組み合わせになっていて、その分だけたいへん修得しやすいかたちに変わっているからです。早い話が、板というもの一枚を取り上げても、昔の板は③人間が鉋《かんな》を握って、その鉋を動かす自分の腕を通して体験する本当のものでありました。しかし、現在の板はほとんどが④合成樹脂で、鉋や手は必要ではなく、いわば、人間の目さえあればそれで用のすむ存在になりつつあります。一枚の板がものであることをやめて、しだいに⑤板のイメージ、すなわち⑥一種の情報になりつつあるわけです。

山崎正和『混沌からの表現』

1 傍線部①〜⑥の言葉を「かつての技術」に関わるものはⓐ、「現在の技術」に関わるものはⓑに分類しなさい。

① 現実体験
② 情報化された一種の知識の組み合わせ
③ 人間が鉋を握って、その鉋を動かす自分の腕を通して体験する本当のもの
④ 合成樹脂　⑤ 板のイメージ　⑥ 一種の情報

① ② ③ ④ ⑤ ⑥

2 波線部「大工というものは一生修行ですよ」という言葉はどのような考え方からきているか。最も適当なものを、次から選びなさい。

ⓐ 人格の形成のためには技術の習得が重要だ。
ⓑ 技術の習得が重要だというのは時代遅れだ。
ⓒ 技術の習得の重要性が低下しつつある。

✔ CHECK
23講で学んだこと

□「AではなくB」という否定の形を見つけられるようになった
□「AよりもB」という比較の形を見つけられるようになった

Chapter 5
24講

具体と抽象①

具体と抽象を分けると、大事なところが見抜ける

▼ここからつなげる 論理的文章を読むときには筆者の言いたい事やまとめをとらえることが重要です。具体と抽象に注意しながら読むと、それらをとらえることができます。

考えてみよう

具体と抽象に注意しながら読もう。

人間《抽象》の性格形成における環境的要因の大きさは計り知れない。性格とは当人が当然だと思うものの集合であり、当然を生み出すものは環境的な部分が大きいからである。

（**たとえば**《具体》、謙虚な人間に囲まれて育った子供は、何かを成し遂げた際、謙遜するのが「当然」だと学ぶ。一方、不遜な人間に囲まれて育った子供は、何かを成し遂げた際、自慢するのが「当然」だと学ぶ。）つまり、性格とはその人にとっての当たり前が大量に積み重なることで生まれるものなのである。

このように 環境《抽象》によって作られた「当然」を人は性格と呼ぶのだから、環境が性格形成に与える影響が大きいことは間違いないだろう。

POINT 1

具体例のとらえ方

1 具体例のマーカー

11講で確認したように、**具体例**は**例示**の接続表現と**まとめ**の指示語に注意して読むことで、とらえることができます。これらの接続表現や指示語は「**具体例のマーカー**」として覚えておきましょう。

▼**具体例のマーカー**

❶ **例示の接続表現** 「たとえば」

❷ **まとめの指示語** 「このような」「このように」「こういう」「そのような」「そのように」「そういう」

2 包摂関係

具体例にはマーカーがついていないものもあります。その場合には「**大きい話題**」→大きい話題に含まれる「**小さい話題**」（具体例）→小さい話題を含む「**大きい話題**」というように「**話題の大きさ**」に注意して具体例をとらえましょう。この含む関係のことを**包摂関係**といいます。

大きい話題　人間の性格形成における（…）は計り知れない

↓

小さい話題　**たとえば** 謙虚な人間に囲ま（…）「当然」だと学ぶ

↓

大きい話題　**このように** 環境によって作（…）ことは間違いない

演習の解答 ➡ 別冊P.48

演習

● 次の文章を読んで、あとの問いに答えなさい。

情報の理論を基礎として展開する文章よりも、状況展開を盛り込み、感情で織りあげる文章のほうが余情を喚起しやすい、ということは常識でわかる。が、ストーリーを追及する文章には余情を感じにくい、という指摘は注目される。心理面が描かれるときに余情を感じやすいのは当然だが、心理を心理として述べるよりも、その場の情景をとおしてなにげなく伝わってくるような書き方が有効だという指摘もある。

話題という点では、読者にとって身近なことが描かれているほうが、自分の体験をよびこみやすいので、余情をかもしだす土壌が形成される。

小説などの場合で言うと、そういえばそんな経験が自分にもあった、と読者に思わせる文章、幼児体験を喚起する文章は、一般に余情を発生させやすい。

人間を描いた文章よりも、秋、森の夕暮れ、夜の静けさなどを描いた美しい風景画のような文章に余情を感じることが多いというのも、それによって思い出がよみがえるからだろう。

中村明『文体トレーニング』

1 傍線部「余情を喚起しやすい」とあるが、どのような文章が「余情を喚起しやすい」のか。最も適当なものを、次から選びなさい。

ⓐ 情報の理論を基礎として展開する文章
ⓑ 状況展開を盛り込み感情で織りあげる文章
ⓒ ストーリーを追及する文章

2 傍線部「余情を喚起しやすい」とあるが、どのような書き方が「余情を喚起」するのに有効か。

① その書き方を述べている部分を本文中から抜き出しなさい。

② その書き方の具体例として適当でないものを、次から選びなさい。

ⓐ 読者にとって身近なことを描いたもの
ⓑ 幼児体験を喚起する状況を描いたもの
ⓒ 人間を描いたもの

✔ CHECK
24講で学んだこと

□「具体例のマーカー」や「包摂関係」を意識して「具体」と「抽象」をとらえられるようになった

論証③ 根拠と主張の関係をとらえよう

▼ここからつなげる 筆者の主張は一般的な常識に反したものである場合が多いです。ですから、読者はその主張に飛躍を感じます。その飛躍を埋める説明が、「論証」です。

考えてみよう

飛躍を埋める説明を探しながら読もう。

世界を語る上で最も歴史ある分野は哲学である。しかし、科学《主張》が最も世界の記述に適しているのであろう。科学《根拠①》は、あらゆるものを記号化し、理論づけられた知識や経験を蓄積、体系化してきた。徹底的に論理に基づき様々な事象の因果を解明してきたのが科学であり、いかに複雑な事象であっても、それらの複雑性も加味しつつ細分化した要素を分析し、精到な研究を積み重ねることにより、現在の盤石な科学を築き上げてきた。理論に基づくからこそ、積み重ねが可能なのだ。

[さらに]科学《根拠②》は実験的でもある。実験的というのは実験で得られたものがどんなに直感的に間違った結果でも、結果ではなく直感を疑い、理論を修正しようとする姿勢を指している。様々な学問を見渡しても、これほど素直な学問はないだろう。再現性のある実験の原因と結果を蓄積することにより体系化され、それでも、一度異なった結果が出た場合は今までの科学を疑い、新たな説明を与えようと試みる。

[以上より]、理論的《主張》でありながら、実験的でもある科学は、やはり世界を記述するのに最も適した学問であるといえるだろう。

POINT 1 筆者の主張の「飛躍」をとらえよう

一般的な考え方を覆す筆者の主張には**飛躍**があります。**論証**をとらえるために、まず「**主張の飛躍**」をとらえましょう。

▼「飛躍」の形

❶ **主語（部）→述語（部）**

例 科学が最も世界の記述に適しているのであろう。

❷ **修飾語（部）←被修飾語（部）**

例 素直な学問

❸ **接続語（部）→文**

例 理論に基づくからこそ、積み重ねが可能なのだ。

POINT 2 「飛躍を埋める説明」をとらえよう

「飛躍」は「A→X」というように説明が飛んでいます。その「**飛躍を埋める説明（Aの説明）**」が**根拠**となります。

[A]→[X] ← [Aの説明]

科学が最も世界の記述に適しているのであろう。

科学は、あらゆるものを記号化し、理論づけられた知識や経験を蓄積、体系化してきた。さらに科学は実験的でもある。

演習

●次の文章を読んで、あとの問いに答えなさい。

今でこそ、当たり前になっているが、明治になって日本に輸入された様々な概念の中でも、①「個人individual」というのは、最初、特によくわからないものだった。その理由は、日本が近代化に遅れていたから、というより、この概念の発想自体が、西洋文化に独特のものだったからである。ここでは二つのことだけを押さえておいてもらいたい。

一つは、一神教であるキリスト教の信仰である。「誰も、二人の主人に仕えることは出来ない」というのがイエスの教えだった。人間には、幾つもの顔があってはならない。常にただ一つの「本当の自分」で、一なる神を信仰していなければならない。だからこそ、②元々は「分けられない」という意味しかなかったindividualという言葉に、「個人」という意味が生じることとなる。

もう一つは、論理学である。椅子と机があるのを思い浮かべてもらいたい。それらは、それぞれ椅子と机とに分けられる。しかし、机は机で、もうそれ以上は分けられず、椅子は椅子で分けられない。つまり、この分けられない最小単位こそが「個体」だというのが、分析好きな西洋人の基本的な考え方である。

平野啓一郎『私とは何か「個人」から「分人」へ』

1 傍線部①「『個人individual』というのは、最初、特によくわからないものだった」とあるが、それはなぜか。最も適当なものを、次から選びなさい。

ⓐ 英語がわからないほど、日本が近代化に遅れていたから。

ⓑ「individual」を「個人」とする発想が西洋文化に独特のものだったから。

ⓒ「個人individual」というのは明治になって日本に輸入された概念だから。

2 傍線部②「元々は『分けられない』という意味しかなかったindividualという言葉に、『個人』という意味が生じることとなる」とあるが、それはなぜか。理由として適当でないものを、次から選びなさい。

ⓐ キリスト教では、常にただ一つの「本当の自分」で一なる神を信仰していなければならないから。

ⓑ 論理学では、分けられない最小単位こそが「個体」だと考えられていたから。

ⓒ 西洋では、椅子と机は分けることができるが、人間は分けることができないから。

✓ CHECK
25講で学んだこと

□ 筆者の主張の「飛躍」がとらえられるようになった
□「飛躍」を埋める説明（論証）がとらえられるようになった

Chapter 5
26講

条件法①

文章の中にある条件を正しくとらえよう

▼ここからつなげる よく「問題文の条件を正しく読めなかった」と聞きます。「条件法」というルールを学んで、正しく条件を読めるようになりましょう。

考えてみよう

条件に注意しながら読もう。

科学者にとって、自分の研究が科学として認められるかどうかは非常に大事な問題だ。なぜなら科学は、ある判定基準を満たさない限り「科学」と言えないためである。その基準とは、「因果関係、対照、検証」の三つの要素である。この中の一つでも欠けていると、その研究は「科学」であるとは言えない。逆に言えば、これらの基準を満たしているならば、それは科学だと言える。

科学的だと思われがちだが、実際そうではないものが世の中にはそれなりに存在する。例えば、マイナスイオンが挙げられる。マイナスイオンを浴びれば免疫力が向上するといった情報が一時期流行した。しかし、そのイオンが体内で免疫力を向上させるといった、因果関係を証明するものは実際に存在しない。このことから、マイナスイオンはニセ科学と言われている。それが「科学」として認められるためには、しっかりとした因果関係を示すデータが必要である。

POINT 1 「AならばB」という形に注意しよう

条件法とは、Aということが成り立つならば、必ずBという事柄が成り立つという関係性を示すルールです。「AならばB」という形が出てきたら注意して条件をとらえましょう。

例 これらの基準を満たしているならば、それは科学だと言える。

POINT 2 「条件法」のフレームワーク

条件法は、「AならばB」以外にも様々な形の中に隠れています。隠れた条件法を見つけるためにも「条件法」のフレームワークを覚えておきましょう。

▼「条件法」のフレームワーク

❶ Aすると、B。

例 この中の一つでも欠けていると、その研究は「科学」であるとは言えない。

❷ AのためにBする必要がある。

例 「科学」として認められるためには、しっかりとした因果関係を示すデータが必要である。

❸ Bしないと（しない限り）Aでない。

例 ある判定基準を満たさない限り「科学」と言えない。

演習

● 次の文章を読んで、あとの問いに答えなさい。

科学者は、常に①「世界初」を目標としている。いかに狭い分野でいかに小さなテーマであっても、誰もが手をつけていない限り、その結果は「世界初」なのである。それは麻薬と似ていて、②一回でも「世界初」を味わうと止められなくなる。そして、それが社会的にどんな影響を及ぼすかについてはほとんど気にせず、問題の解決に邁進する。社会への影響などを考えていたら「世界初」は逃げてしまうと思うからだ。マンハッタン計画の場合、世界最初の核分裂反応の連鎖反応を実現するとあれば、それがいかなる厄災を及ぼすかについていっさい考えず、ひたすら成功に向けて努力した。「世界初」は止められないのだ。私は以前に、科学者は鍵が無くなった箱を開けようとする錠前屋に似ていると書いたことがある。錠前屋は、鍵を開けることに挑戦し始めると、その箱から何が飛び出すか気にせず、ただひたすら箱を開けることのみに熱中する。そこから怪物や悪疫が飛び出して来ても、「最後には希望が残っている」と言い、「私がやらなくても、いずれ誰かがやるのだから」と居直るのである。

池内了《いけうちさとる》『科学と人間の不協和音』

1 傍線部①「世界初」とあるが、そう言えるために必要な条件は何か。「〜こと」という形に続くような表現を、本文中から抜き出して答えなさい。

こと

2 傍線部②「一回でも『世界初』を味わうと止められなくなる」とあるが、この文の具体例となるのはどの文か。本文中から最初と最後の五字を抜き出しなさい（句読点を含む）。

最初

最後

3 「科学者」に似ているのはどのような人か。

① 適当な語句を本文中から抜き出しなさい。

② どのような態度が科学者の態度に似ているのか。それを説明している一文の最初と最後の五字を本文中から抜き出しなさい（句読点を含む）。

最初

最後

CHECK
26講で学んだこと

□「AならばB」という形の文から、条件をとらえられるようになった
□「AならばB」以外の「条件法」のフレームワークを見つけられるようになった

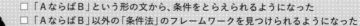

Chapter 5
27講

差異①
二つのものの違いをとらえよう

▼ここからつなげる 物事を理解するためには他の物事との違いをとらえることが重要です。「差異」の形を学んで、違いを正確にとらえられるようになりましょう。

考えてみよう

違いを正確にとらえながら読もう。

物事のとらえ方が人により異なるのは至極当然である。このことを理解するために、「現実世界」と「知覚された世界」との違いを理解する必要がある。あらゆる物体や現象といった「現実世界」を、五感を通して受容することで、人それぞれに「知覚された世界」が形成される。この過程で物事の多様なとらえ方が生じるのである。

たとえば美術館で、ピカソの絵を鑑賞したとき、ある人は「一つの絵の中に様々な表現がされてあって面白い」と感じたのに対し、別の人は「落書きのようで、よく分からない」と感じる場合がある。

このようなとらえ方の違いが生まれたのは、絵を見て、自分独自の価値のフィルターに通した時に、前者は絵の表現を肯定的にとらえたが、後者は否定的にとらえたからである。

POINT 1 「比べられているもの」に注意しよう

差異とは、二つの物事を比べて違いを明らかにしながら説明する形です。他の物事との違いがわかると、物事を理解しやすくなります。そのため、説明する文章の中には**差異**の形がよく出てきます。

物事A　ある人は
説明X　「一つの絵の中に様々な表現がされてあって面白い」と感じたのに対し、
⇔反対
物事B　別の人は
説明Y　「落書きのようで、よく分からない」と感じる

POINT 2 「差異」をとらえるときは「差異」のフレームワークに注意する

文章の中で差異をとらえるときは、「AはXであるのに対し、BはYである」という形の「差異」のフレームワークに注意しましょう。XとYは反対の関係になっていますから、「否定」や「対義語」があるかも確認するとよいでしょう。

▼「差異」のフレームワーク
❶ AはXであるのに対し、BはYである。
❷ AはXであるが、BはYである。

演習

● 次の文章を読んで、あとの問いに答えなさい。

しかしふたたび常識に返れば、恋愛と友情は明らかに違うのであって、そこに一線を画するものは第三者を容《い》れうるかどうかの区別だといえる。二人の人間関係に第三者がはいりこんできたとき、それに嫉妬を感じるかどうか、また嫉妬を抱くことに正当性を感じるかどうかという違いである。とくに指標として重要なのは後者の正当性の道徳感情であって、人は嫉妬を抱いてよい場合と悪い場合を、自然な感情によってかなり明快に区別している。恋愛は二人の人間の関係を閉鎖的なものにするが、友情は原則的に、つねにより広い交友関係に向かって開かれている。当然、人がその感情に没入して陶酔する度合いからいっても、友情は恋愛に比べて淡泊で抑制されたものになるはずである。

山崎正和『社交する人間　ホモ・ソシアビリス』

1 傍線部「恋愛と友情は明らかに違う」とあるが、どのような点で違うのか。最も適当なものを、次から選びなさい。

ⓐ 恋愛は第三者がはいりこんできたときに嫉妬を感じるのに対し、友情は第三者がはいりこんできたときに嫉妬を抱くことに正当性を感じるという点。

ⓑ 恋愛は第三者がはいりこんできてもよいと感じるのに対し、友情は第三者がはいりこんできたら嫌だと感じるという点。

ⓒ 恋愛は第三者がはいりこんできたときに嫉妬を感じ、その嫉妬はよいと感じるのに対し、友情は嫉妬を感じないか、または嫉妬を悪いと感じるという点。

2 本文中の次の語句について、「恋愛」にあてはまるものにはⓐを、「友情」にあてはまるものにはⓑをそれぞれ記しなさい。

① 嫉妬を抱くことに正当性を感じる
② 閉鎖的な関係
③ より広い関係
④ 感情に没入して陶酔する
⑤ 淡泊で感情を抑制する

①　②　③　④　⑤

✔ CHECK
27講で学んだこと

□「比べられているもの」がわかるようになった
□「差異」のフレームワークを見つけられるようになった

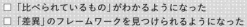

Chapter 5
28講

類似①
二つのものの共通点をとらえよう

▼ここからつなげる 物事を理解するためには他の物事との共通点をとらえることも重要です。「類似」の形を学んで、共通点を正確にとらえられるようになりましょう。

考えてみよう

共通点を正確にとらえながら読もう。

「社会的な動物としての人間は、チンパンジーよりもアリに似ている《類似》」と、生物学者のモフェットは述べる。アリは何億匹もの巨大な群れ、社会を作っている。人間もまた、巨大な群れ、社会を作っている。このような生き物は、人間とアリしか存在しないため、両者は似ている《類似》と言えるだろう。このような超大規模社会の形成において重要なのが、人間もアリもともに《類似》相手の具体的なことは知らないが、同じ社会に属していることはわかるという点で同じであることだ。実際、アリは嗅覚を用いて、同じ社会に属する仲間を認識している。人間にもまた《類似》その能力が備わっている。

POINT 1
「比べられているもの」に注意しよう

類似とは、二つの物事を比べて共通点を明らかにしながら説明する形です。他の物事との共通点がわかると、物事に共通する本質を理解しやすくなります。ですから、説明する文章の中には**類似**の形がよく出てくるのです。

例 アリは何億匹もの巨大な群れ、社会を作っている。
⇔ **類似**
人間もまた、巨大な群れ、社会を作っている。

POINT 2
「類似」をとらえるときは「類似」のフレームワークに注意する

文章の中で**類似**をとらえるときは、「AはXである。BもまたXである」という形の「**類似**」のフレームワークに注意しましょう。

▼「類似」のフレームワーク

❶ AはXである。BもまたXである。
例 アリは嗅覚を用いて、同じ社会に属する仲間を認識している。人間にもまたその能力が備わっている。

❷ AもBもともにXであるという点で同じである。
例 人間もアリもともに相手の具体的なことは知らないが、同じ社会に属していることはわかるという点で同じであることだ。

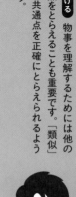

演習

●次の文章を読んで、あとの問いに答えなさい。

　ロンドン大学のゴンブリッチ教授は、エジプト人たちのいわゆる「様式化された」人体表現に触れて、エジプト人たちが、正面像と側面像の奇妙に入りまじったあの不思議な人体を描いたのは、眼《め》に見える姿を「様式化」したのではなく、最初からそのように「見えた」のだと述べているが、もしそうだとすれば、それはまさしくあの中国の皇帝の場合と同じことになる。中国の皇帝が正面像でしか人間の顔を知覚することができなかったように、エジプト人たちは、あの奇妙な複合像によってでなければ、人体を［①］のである。

　事実、エジプトの壁画や浮彫りに登場する人物像はほとんど例外なしに、ひとつの「型」にはまっている。それは、顔は中国の皇帝なら文句を言いそうなプロフィル表現であるがただ眼だけは、正面から見た時のようなはたん杏形を見せている。同様に身体も、上半身は正面像で、下半身は［②］である。このようなことは、むろん現実の世界においてはあり得ない。すくなくとも、ある瞬間における人体の視覚像は、当然正面なら正面、側面なら側面というひとつの方向に統一されているはずであり、その両者が混在するということはあり得ないはずである。

高階秀爾《たかしなしゅうじ》『芸術空間の系譜』

＊はたん杏形…アーモンド形。

1 空欄［①］にあてはまる語句として最も適当なものを、次から選びなさい。

ⓐ 造ることはできなかった　ⓑ 見ることはできなかった
ⓒ 描くことはできなかった

［　　］

2 空欄［②］にあてはまる語句として最も適当なものを、次から選びなさい。

ⓐ 側面像　ⓑ 正面像　ⓒ 視覚像

［　　］

3 「エジプト人」と「中国の皇帝」の共通点は何か。最も適当なものを、次から選びなさい。

ⓐ 人体が正面像と側面像が入りまじったものに見えた。
ⓑ 一定の「型」でしか対象を知覚することができない。
ⓒ 現実に見える人体の姿を奇妙な形で「様式化」した。

［　　］

✔ CHECK
28講で学んだこと

□「類似しているもの」を見つけられるようになった
□「類似」のフレームワークを見つけられるようになった

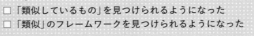

Chapter 5
29講

「かつ」「または」で並べられているものに注意しよう

並列・選択①

▼ここからつなげる 物事の条件を整理するときに使われるのが「並列」「選択」という形です。英語の「and」「or」にあたります。条件の把握は文章読解においても重要です。

考えてみよう

並列・選択に注意しながら読もう。

人は知らないうちに、自分の能力を制限しています。つまり、最大の力を出しているつもりでも、筋肉はフルに動いておらず、自分の意思では全ての運動単位を使うことはできないということです。というのも、脳の中枢が無意識的にブレーキをかけているからです。実際、このブレーキを緩めるまたは停止することは可能です。それには催眠術あるいは興奮剤の使用が必要になります。催眠術は脳に影響を与え、興奮剤は中枢神経に直接働きかけます。しかしこれらは、スポーツの現場においては用いることができません。なぜなら、興奮剤の使用は違反であり、さらに催眠術は筋力向上は達成できても他の部分で悪影響を及ぼす可能性が高いからです。

では、合法的かつ現実的に運動単位を多く動員させる方法はあるのでしょうか。

POINT 1 「AかつB」という形に注意しよう

並列とは、ある物事を説明するときに二つ以上の条件が並べられている形です。その物事であるためには並べられている条件の全てを満たしている必要があります。

▼「並列」のフレームワーク

❶ AかつB

例 合法的かつ現実的

❷ Aさらに（しかも、その上、加えて）B

例 興奮剤の使用は違反であり、さらに催眠術は筋力向上は達成できても他の部分で悪影響を及ぼす可能性が高い

POINT 2 「AまたはB」という形に注意しよう

選択とは、ある物事を説明するときに二つ以上の条件が並べられており、その条件のうちの一つを選んでいる形です。その物事であるためには並べられている条件のどれか一つを満たしていればよいのです。

▼「選択」のフレームワーク

❶ AまたはB

❷ Aあるいは（もしくは、ないしは）B

例 このブレーキを緩めるまたは停止することは可能です。それには催眠術あるいは興奮剤の使用が必要になります。

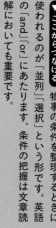

演習

●次の文章を読んで、あとの問いに答えなさい。

脳死は、臓器医学的である。そして臓器医学の出発点は「科学的」であると言ってよい。しかし、脳死といえども、つまり、脳の死といえども、脳の純粋に物質的な過程において、物質過程自体としてどこかに不可逆的な質的変化が自存するわけではない。それはどこを取っても、つねに自然な物質的変化過程である。それゆえ、われわれは、脳死を、さらに確実にするためには、脳の物質過程に関して、より詳細で、細部のミクロ構造における変化を見出《みいだ》すべきだと考えているが、それがどこまで明らかになったとしても、それで自ら、死の分岐点が明らかになるわけではない。あくまでも、脳の死を、死として判断する、言いかえれば、ある過程のうえに、一つの「質的変化」を見るのは人為の業である。しかも、それはむしろ、巨視的かつ機能的な変化（例えば自発呼吸の非発生）が先行するのであって、それに対応する微視的過程のどこかに、人為が分岐点を置くことによって初めて、脳の死が成立すると言わなくてはならない。

村上陽一郎『生と死への眼差《まなざ》し』

1 「並列」の役割をしている接続表現を、二つ本文中から抜き出しなさい。

2 「脳死」が成立するための条件を説明した次の文章にあてはまる語句を本文中から抜き出しなさい。

脳の死が成立するためには、まず［①］が先行し、かつ、それに対応する［②］のどこかに［③］によって分岐点を置く必要がある。

①

②

③

3 「脳死」にあてはまる例として最も適当なものを、次から選びなさい。

ⓐ 交通事故にあって脳機能と心肺が停止状態になった。

ⓑ 自発的に呼吸をすることができず、医師によって目覚めることがないと判断された。

ⓒ 体に異常は全くないが、目覚めることがない状態になっている。

✔ CHECK
29講で学んだこと

□「並列」のフレームワークを見つけられるようになった
□「選択」のフレームワークを見つけられるようになった

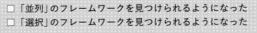

Chapter 5
30講

矛盾・逆説①

相反する二つの物事をとらえよう

▼ここからつなげる 相反する二つの物事が出てきたとき、両方正しいということがあります。混乱しないようにするために「矛盾」「逆説」を正しく理解しておきましょう。

考えてみよう

矛盾・逆説に注意しながら読もう。

「負けるが勝ち」という言葉があるが、この言葉は非常に興味深いものである。この言葉の意味を考えると、二通りの考え方ができる。

一つは、（「負け＝勝ち」《矛盾》という、なんとも理解しがたい関係となる。もちろん、負けることと勝つことは相反する事象であり、誰かが負けていて、かつ、負けていない（＝勝っている）という事態はありえないと考えるのが妥当だろう。）

しかし、考え方を変えると、以下のように解釈することも出来る。（「勝ち」《逆説》という言葉を「未来を見据えると自分のプラスになること」ととらえるのである。そうすると、「負け」は将来的にはかえって「勝ち」に繋《つな》がると言える。）そのように考えると、「負けるが勝ち」という言葉は、必ずしも矛盾しているとは言えないことになる。（「急がば回れ」《逆説》）という言葉も、同様に解釈することができる。

POINT 1 「矛盾」という形に注意しよう

矛盾とは、ある事柄と別の事柄が相反していて、その事柄が正しくないと判断される状態のことです。これも**「矛盾」のフレームワーク**を覚えておくことでとらえやすくなります。

▼「矛盾」のフレームワーク

❶ Aであり、かつ、Aでない。

例 負けていて、かつ、負けていない

POINT 2 「逆説」という形に注意しよう

逆説とは、一見するとある事柄と別の事柄が相反しているように見えるけれど、それらの事柄は実は正しいと判断される状態のことです。これも**「逆説」のフレームワーク**を覚えておくことでとらえやすくなります。

▼「逆説」のフレームワーク

❶ Aであり、かつ、B（Aと矛盾するように見える）。

❷ Aすると、かえってB（Aと矛盾するように見える）。

例 「勝ち」という言葉を「未来を見据えると自分のプラスになること」ととらえるのである。そうすると、「負け」は将来的にはかえって「勝ち」に繋がると言える。

演習の解答 ➡ 別冊P.60

演習

●次の文章を読んで、あとの問いに答えなさい。

まず、「自由」にかんしていうと、たとえば英語では、freedomとlibertyが区別されているのですが、日本語ではその区別がありません。そのために、内面的自由というようなものと混同されます。したがって、特に、われわれはその違いに注意する必要があります。「リバティー」というのは、他人の恣意的な意志に拘束されないという意味です。もっと具体的にいえば、それは権力、特に国家権力の制限を意味します。ここでいう「自由」とは、たんにそういう意味です。

しかし、「たんに」といっても、それを軽視することはできません。たとえば、宗教的・哲学的な人たちは、自由の問題をもっと深く考えようとする傾向があります。サルトルは（ナチ・ドイツの）占領下においてわれわれは自由だった、と書いています。それは、占領下において、抵抗するにせよしないにせよ、たえず個人が実存的に選択せざるをえない状況にあったという意味です。しかし、そのようにいえば、普通の意味でまったく自由がない状況においてこそ、人間は自由であるということになります。日本では、第二次大戦において戦争で死ぬ運命にあった人々が、そのような運命に能動的に従うことにこそ自由があるというような論理も説かれたのです。

柄谷行人『〈戦前の思考〉』

1 傍線部「普通の意味でまったく自由がない状況においてこそ、人間は自由である」とあるが、この文はどういう性質の文か。最も適当なものを、次から選びなさい。

ⓐ 因果　ⓑ 矛盾　ⓒ 逆説

2 傍線部の具体的状況を表す部分が本文中に二箇所ある。次の文字数に合う部分の最初と最後の五字を本文中から抜き出しなさい（句読点も字数に含む）。

① 二〇字以内　最初 ＿＿＿＿＿　最後 ＿＿＿＿＿

② 五〇字以内　最初 ＿＿＿＿＿　最後 ＿＿＿＿＿

✔ CHECK
30講で学んだこと

□「矛盾」のフレームワークを見つけられるようになった
□「逆説」のフレームワークを見つけられるようになった

Chapter 6

31講

「否定」は形を変えて繰り返される
否定③

▼ここからつなげる 「AではなくB」という否定は、形を変えて繰り返されます。同じようなことが繰り返されていると気づければ筆者の主張が読み取りやすくなります。

考えてみよう

否定の繰り返しに注意しながら読もう。

人間の成長に環境の整備は不可欠である。自らが成長しない理由をただ環境のせいにし、仕方がないとすることは言い訳である。環境に文句を言って良いのはその環境でできるあらゆる努力をし、その環境で最も優れた結果を出してからである。同じ環境下で自分より優れた結果を出している人間がいるにもかかわらず、自分の成果が出ないのを環境のせいにするのはあまりに愚鈍ではないか。同じ環境で成果を出している人間がいるという事は、その環境にも何らかの成長の糸口があるはずだということを意味する。成長しないのは、環境が悪いからではなく、その環境で何ができるかを考えないからなのである。確かに、環境の良し悪しで成長度合いは変わるだろうが、環境を変えることを選択しない、またはできないのであれば、環境に文句を言うのではなく、すぐさま今自分に何ができるかを考えた方がいいだろう。文句ばかり言うのは非生産的である。

POINT 1 繰り返される「否定」

否定は、「AではなくB」という形で文章の中に現れます。そして、筆者は「B（主張）」側を強調するために、似たような「否定」の形を何度も繰り返します。「否定」に注目することによって、繰り返される主張をとらえていきましょう。

例 環境が悪いからではなく、その環境で何ができるかを考えないからなのである。

↑ **似たような形**

環境に文句を言うのではなく、すぐさま今自分に何ができるかを考えた方がいいだろう。

POINT 2 否定の応用形「否定を表す言葉」

否定と同じような働きをする形として、「拒否する」など、否定を表す言葉にも注意しましょう。

▼否定を表す言葉

❶ 接頭辞「非～」「無～」「没～」「超～」など

例 文句ばかり言うのは非生産的である。

❷ 熟語「拒否」「拒絶」「異議」など

演習

●次の文章を読んで、あとの問いに答えなさい。

浪費社会に対して、「清貧の社会」という対極的な社会の構想がある。[X]を第一義とする社会である。物質における満足を求めるのではなく、精神の自由な飛翔を得ることこそを至上とする社会とも言える。私はそのような社会を希求しているのだが、それは不可能なのだろうか。そして、そのような科学は発展の芽を摘まれるのであろうか。

確かに、科学は物質的基盤がなければ進歩しない。実験の技術開発があればこそ仮説が実証され、それを基礎にして新たな知見が得られていくからだ。[①]、実験によって思いがけない新現象が発見され、それによって科学の世界が大きく広がったこともある。しかしながら、あくまで科学を推進しているのは好奇心や想像力、[②]創造への意欲であり、精神的欲望がその出発点なのである。

池内了《いけうちさとる》『科学と人間の不協和音』

1 傍線部「清貧の社会」と同じ意味のものを、次からすべて選びなさい。

ⓐ 浪費社会
ⓑ 物質における満足を求める社会
ⓒ 精神の自由な飛翔を得ることこそを至上とする社会
ⓓ 筆者が希求している社会
ⓔ 物質的基盤が整っている社会

[　　]

2 空欄[①]、[②]にあてはまる語句として最も適当なものを、次からそれぞれ選びなさい。ただし、同じものを複数回用いることはできない。

ⓐ つまり　ⓑ なぜなら　ⓒ しかし　ⓓ あるいは

① [　　]　② [　　]

3 空欄[X]にあてはまる語句として最も適当なものを、次から選びなさい。

ⓐ 実用的な満足を拒否し、技術的な改良を促進させること
ⓑ 科学的な発展を抑制し、精神的な充実を優先させること
ⓒ 経済的な活動を抑制し、物質的な欲望を満足させること
ⓓ 物質的な欲望を拒否し、精神的な欲望を充足させること

[　　]

✔ CHECK
31講で学んだこと

□ 同じような内容の「否定」が繰り返されていることをとらえられるようになった
□ 繰り返される「否定」から筆者の主張を読み取れるようになった

Chapter 6
32講

具体と抽象②

具体と抽象を意識して、筆者の主張をとらえる

ここからつなげる 論理的文章を読むときには筆者の主張をとらえることが重要です。具体と抽象に注意しながら読むと、筆者の主張をとらえることができます。

考えてみよう

一般化（抽象化）に注意しながら読もう。

何か成し遂げたいものができた時、まず準備すべきものがある。多くの人は金、情報、人などを挙げるが、果たしてそうだろうか。[主張]人間が何かをなす上で最も大切にすべきものは、何かを成し遂げたい自分自身そのものなのではないか。これは、志を大切にしようとかそういった類の話ではない。[主張]健康体を保ち、自らの命を大切にする努力をしているか、ということである。[具体例]（受験勉強が顕著である。何日も徹夜をして勉強すると、徐々に体が蝕《むしば》まれていく。実際徹夜での勉強が原因で発病し、受験出来なかった例もある。徹夜をして無茶をしてはいけないのだ。）[一般化]自らの体なしには自らの目標は達成できないし、なにより無茶が原因で目標から遠ざかるのは元も子もないだろう。命あっての成功なのだ。

POINT 1 「一般化（抽象化）」に注意しよう

一般化とは、個々の具体的な事柄のある一面を抽象化してまとめることです。その他の面は無視することになるので、これを**捨象**とも言います。さまざまな具体例が出てきたら、どこかでまとめられるのではないかと考えながら読んでいくとよいでしょう。

具体例	徹夜での勉強が原因で発病し、受験出来なかった例
↓	
一般化	無茶が原因で目標から遠ざかる

POINT 2 「一般」を問われるとき「具体例」を答えてはいけない

具体例は一般的な表現とイコール関係ではありません。ですから、一般的な表現を答えなければいけないときに具体例を解答すると誤りとなります。

一般	健康体を保ち、自らの命を大切にする（筆者の主張）
≠	
具体例	徹夜をして無茶をしてはいけない

→これだと「自らの命を大切にする」の一部分しか表していないため、主張と同じ内容にはならない

演習の解答 ➡ 別冊P.64

演習

●次の文章を読んで、あとの問いに答えなさい。

現在、通常「戦争」という語で想定されるのが近代以降の戦争だとして、それでは近代の戦争はそれ以前の戦争と基本的にどう違うのか。もちろん、産業革命以降急速に歩みを速めたテクノロジーの進化による武器の発達がある。この時代にはまず重火器が発達し、しばらくして機関銃が使用されるようになり、さらにダイナマイトが発明され、それに対抗して戦車や装甲車が登場し、やがては航空機が戦場を飛ぶようになる。そしてそのような①新しい兵器の開発だけでなく、この時代の産業構造は武器の大量生産を可能にし、それが戦争の様相をますます大きく変えることになった。

だが戦争は、武器や戦術や兵站《へいたん》といった物質的条件によってのみ規定されるわけではない。誰が戦争を担うのか、という主体的要件があり、それが戦争の社会的意味や、戦争そのもののあり様を根本的に決定している。②近代の戦争が決定的な変化を見たのは、なによりまずその点においてである。少なくともその変化が、戦争をある「絶対的」な対象として考察する書物を生み出した。「戦記」の類なら、ものが書かれはじめた当初から無数にあるし、それぞれの時代にはそれぞれの「戦術論」がある。

西谷修『戦争論』

1 傍線部①「新しい兵器の開発」とあるが、その説明として相応しいのは何か。最も適当なものを、次から選びなさい。

ⓐ テクノロジーの進化による武器の発達
ⓑ 重火器や機関銃やダイナマイトの発達
ⓒ 戦車や装甲車や航空機の発達

2 傍線部②「近代の戦争が決定的な変化を見た」とあるが、どのような変化か。最も適当なものを、次から選びなさい。

ⓐ テクノロジーの進化による武器の面での変化。
ⓑ 大量生産による武器を使った戦術面での変化。
ⓒ 物質的条件だけでなく、戦争を担う主体的要件の変化。

✔ CHECK
32講で学んだこと

□「具体例」と「一般化」を区別できるようになった
□「具体例」と「一般化」から筆者の主張をとらえられるようになった

Chapter 6
33講

論証④ 論証の形を覚えよう

▼ここからつなげる 論証にはいくつかの形があります。その形をまず覚えておかないと、それぞれの文の働きが理解できません。今回は典型的な論証の形を確認しましょう。

考えてみよう

複雑な論証に注意しながら読もう。

自我が芽生える瞬間とは、初めて母親の名前を呼ぶ時ではないか。自我は、他人や外界とは区別された主体であると定義される。つまり、（根拠①）自我を自我たらしめているのは、自分自身ではなく他者の認識である。例えば、何もない空間に自分だけがいる時、そこに自我はなく、自分を自分たらしめるものはない。ところが、たった一人、たった一つでも自分以外の何かがその空間にあるだけで、自分とはその何かではないものという認識（自我）がたちどころに現れる。そして、（根拠②）自分以外の他者を認識することは、名づけという行為によって完成される。モノの名前のない世界は全てが同一で、モノとモノの区別のしようがない。しかし名前という道具があれば、モノにあふれ混沌とした世界が、「空」があり、「地面」があり、「空気」がある、といった風に秩序付けられる。そしてそのような秩序のおかげで自他の境界が明確化し、したがって他者の認識が可能になる。そうであるならば、（主張）初めて自分以外のモノに名前をつけ、認識する「母親の名前」を呼ぶ瞬間にこそ、自我が芽生えていると言えよう。

POINT 1 「論証の連鎖」をとらえよう

論証の連鎖とは、主張を導く根拠にさらに根拠があるという形のことです。

▼「論証の連鎖」の形
根拠❶→根拠❷→主張

㊎ 名前という道具があれば、モノにあふれ混沌とした世界が、「空」があり、「地面」があり、「空気」がある、といった風に秩序付けられる。そしてそのような秩序のおかげで自他の境界が明確化し、したがって他者の認識が可能になる。

POINT 2 「結合論証」をとらえよう

結合論証とは、二つ以上の根拠がセットになって主張を導く形のことです。

▼「結合論証」の形
根拠❶＋根拠❷→主張

㊎ （根拠①）自我を自我（…）認識である。
＋
（根拠②）自分以外の（…）完成される。
↓
そうであるならば、（…）と言えよう。

演習の解答 ➡ 別冊P.66

演習

●次の文章を読んで、あとの問いに答えなさい。

「役に立つ」大学ということがいわれ、①文系学問の価値が日本では軽視されつつある。経済成長や科学技術の発展にとらわれた発想である。だが、知の生産にはそれとは異なる貢献の仕方がある。普遍的真理の追究といった基礎科学とも違う貢献である。

世界のことをよく知らなければ世界をよくできない。「日本という経験」は、世界を理解するための知の共通言語に貢献できる。その可能性を孕《はら》む、日本の大学に蓄積された人文社会科学の知的基盤を見直すと、②ランキング争いでの弱みは強みとなる。（西洋の）知識の日本化を含む「日本という経験」自体が、日本の研究に個性を与えてくれるからだ。自然科学との、この決定的な違いを自覚して大学政策を立てないと、政策の誤りはその知的基盤を突き崩すことになる。日本の大学の国際貢献の芽も摘むことになる。何のための大学のグローバル化なのか。その根本の問いを改めて問い直すことが必要だ。

苅谷《かりや》剛彦《たけひこ》『オックスフォードからの警鐘』

1 傍線部①「文系学問の価値が日本では軽視されつつある」とあるが、それはなぜか。最も適当なものを、次から選びなさい。

ⓐ 文系学問は日本では普遍的真理の追究を行うものだから。
ⓑ 文系学問は経済成長や科学技術の発展にあまり役に立たないから。
ⓒ 文系学問は日本の研究に個性を与えてくれるから。

2 傍線部②「ランキング争いでの弱みは強みとなる」とあるが、それはなぜか。最も適当なものを、次から選びなさい。

ⓐ 日本の大学に蓄積された人文社会科学の知的基盤は、日本の大学の国際貢献の芽を摘むことになっているから。
ⓑ 日本の大学に蓄積された人文社会科学の知的基盤は、自然科学との決定的な違いを自覚したものになっていないから。
ⓒ 日本の大学に蓄積された人文社会科学の知的基盤である「日本という経験」が、日本の研究に個性を与えてくれるから。

✔ CHECK
33講で学んだこと

□「論証の連鎖」をとらえられるようになった
□「結合論証」をとらえられるようになった

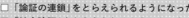

Chapter 6

34講

条件法②

文章の中にある条件を正しくとらえよう

▼ここからつなげる　条件法は正しく理解していないと、条件を読み間違えてしまいます。言い換えや誤りを見抜くためにも「条件法」のフレームワークを正しく理解しましょう。

考えてみよう

条件法の言い換えに注意しながら読もう。

流れに身を任せる、という生き方を選択する人は多い。これはLet it flowという言葉でも表される、人々が理想とする生き方の一つである。流れに身を任せると、自ら流れを作り進むことに比べてはるかに気楽に生きられることは間違いないだろう。ただこれは、身を任せられる「流れ」が見つかっている場合であることを忘れてはならない。（A 身を任せた「流れ」が悪ければ、座右の銘に従って生きていたはずの人生でも、気づいた時にはどん底にあるかもしれない。）条件法 そうであるならば、（B 自分の身を任せている「流れ」が悪いと知ったときには、新たな「流れ」を探し当てなければならない。）（よい「流れ」にいないときのLet it flowには不断の努力が必要）なのだ。流れに身を任せるという生き方が輝いて見えるのは、それがよい「流れ」に身を任せているかぎりでのことなのである。

POINT 1 「条件法」の言い換えを見抜く

条件法は、フレームワークを使って言い換えられていきます。フレームワークを覚えることによって、言い換えを見抜きましょう。

▼「条件法」のフレームワーク

❶ Aすると、B。

例 身を任せた「流れ」が悪ければ、座右の銘に従って生きていたはずの人生でも、気づいた時にはどん底にあるかもしれない。

❷ AのためにBする必要がある。

例 よい「流れ」にいないときのLet it flowには不断の努力が必要なのだ。

❸ Bしないと（しない限り）Aでない。

POINT 2 「逆」は必ずしも正しくない

「AならばB」が正しいとして、反対の「BならばA」が正しいかというと、必ずしもそうではありません。誤りの選択肢の中には次のようなものもあるので注意しましょう。

▼「AならばB」が正しいとき

❶「BならばA」は必ずしも正しくない。

❷「AでないならばBでない」は必ずしも正しくない。

❸「BでないならばAでない」は必ず正しい。

例 百点取ると、百円もらえる。（正しい）

↓逆

百円もらうと、百点取れる。（必ずしも正しくない）

演習

●次の文章を読んで、あとの問いに答えなさい。

自覚された知性に映しだされた記憶だけが、私たちが記憶として知っているものである。その結果次のようなことがおこる。①もしも私たちに何らかの変化を生じ、自覚された知性の内容が変化すると、映しだされる記憶も変わる。たとえばこういうことである。二十歳の頃の〈私〉は人間は孤独なものであり、孤独という重圧に押しつぶされそうになって生きているのが人間だと思っていたとしよう。そのような人間認識や自己認識が「自覚された知性」としてあった、としよう。そういうときには、この知性によってみえてくる記憶ばかりがみえてくる。小学校のときの〈私〉も孤独な〈私〉の記憶かもしれない。友達の記憶も、友達と一緒にいるのになぜか孤独だった〈私〉の記憶かもしれない。ところがそれから十年がたち、②〈私〉が三十歳になった頃、〈私〉の自覚された知性が変化したとしよう。人間はけっして孤独ではなく、たえず他者とともに生きていて、そのことに安らぎを感じるようになったとしよう。そうすると自覚された記憶も変化する。家族とともにいた時間や友だちとともにいた時間、自然とともにいた時間などが、ともに存在した時間として記憶のなかにみえてくる。

内山節《うちやまたかし》『日本人はなぜキツネにだまされなくなったのか』

1 傍線部①「もしも私たちに何らかの変化を生じ、自覚された知性の内容が変化すると、映しだされる記憶も変わる」とあるが、その具体例としてふさわしいものは何か。最も適当なものを、次から選びなさい。

ⓐ 孤独だった記憶が多いと、人間は孤独だという認識を持つようになる。

ⓑ 家族や友人とともにいた記憶が多いと、人間は他者と共に生きているという認識を持つようになる。

ⓒ 人間は孤独だという認識を持つと、孤独だったという記憶ばかりが見えてくる。

2 傍線部②「〈私〉が三十歳になった頃、〈私〉の自覚された知性が変化したとしよう」とあるが、この結果〈私〉の記憶はどうなるか。最も適当なものを、次から選びなさい。

ⓐ 記憶は過去のものなので、変化しない。

ⓑ 現実にはなかったことが、記憶として捏造《ねつぞう》される。

ⓒ 自覚された知性に応じて、記憶の見え方が変化する。

CHECK
34講で学んだこと

□「条件法」の言い換えを見抜けるようになった
□「逆」を言っている誤りの選択肢に惑わされなくなった

Chapter 6
35講

差異②
二つのものの違いをとらえよう

▼ここからつなげる 差異の説明を求める問題はよく出てきます。自分で説明するときにも差異のフレームワークが使えるように、練習しておきましょう。

考えてみよう

差異に注意しながら読もう。

古文を勉強しはじめたときに、真っ先につまずくのが、現代語と意味の異なる《差異》古文単語の存在であろう。たとえば、「あからさまに」という単語がある。現代では、この言葉を「明らかに」だったり、「あらわに」のように解釈する。しかし《差異》、古文の中においてこの言葉は、「ほんの少し」と訳すことがほとんどだ。

では、どうしてこのような意味の変化が起こったのであろうか。一説によると、近世に誤って「あからさま」という言葉を、「明らさま」という別の言葉と誤解してしまい、その誤解がいまや、一般的なものとされているそうだ。このようなことからもわかるように、言葉は時代の流れとともに、変化していくことが多くある。このことが、古文に苦手意識を持たせやすくしているのかもしれない。

POINT 1 「差異」を表す形に注意しよう

差異を説明する形は様々にあります。何と何を比べて、どういう点が異なるのかに注意しながら、**差異**をとらえましょう。

例 現代：「明らかに」、「あらわに」のように解釈
↔ **差異**
古文：「ほんの少し」と訳す

▼「差異」を表す形

❶「異なる」「違う」「別の」
❷「反対に」「逆に」
❸「一方A、他方B」
❹「しかし」「ところが」「けれども」

POINT 2 「差異」を説明するときには「差異」のフレームワークを使う

記述解答で**差異**を説明するときには、違いがよくわかるように「AはXであるのに対し、BはYである」という形の**「差異」のフレームワーク**を使いましょう。

例 「あからさまに」という言葉は現代では「明らかに」、「あらわに」という意味を持つのに対し、古文では「ほんの少し」という意味を持つ。

演習の解答 ➡ 別冊P.70

演習

●次の文章を読んで、あとの問いに答えなさい。

日本ではロシア文学というと、ひところは尊敬されただけでなく、よく売れたものらしい。と他人事のように言うのも、売れるという言葉は私の世代にはおよそ縁のないものになってしまったからだ。私の師匠の世代のロシア文学者の話では、戦後のある時期まではまだ「世界文学全集」が飛ぶように売れ、たいてい最初のほうの配本にどかんと『戦争と平和』や『罪と罰』といった巨編が収録され、そういった作品を訳しただけで①家が一軒建ったとか（まあ、多少の誇張はあるのだろうけれども）。

ところが、いまや、ロシア文学の翻訳などやっていると、②家がつぶれかねない。というのも、翻訳は時間ばかりかかって割りに合わない商売で、何時間もこつこつ机に向かうことを半年か一年も続け、ようやく長編を一冊訳したとしても、千五百部とかせいぜい二千部も売れればいいほうなので、印税といっても微々たるもの。

沼野《ぬまの》充義《みつよし》『不自由の果てへの旅』

1 傍線部①「家が一軒建った」はどういうことを表した表現か。最も適当なものを、次から選びなさい。

ⓐ ロシア文学を読んでいるととても尊敬されたということ。
ⓑ ロシア文学の翻訳をするととても売れて儲《もう》かったということ。
ⓒ ロシア文学を学んでいるとロシアに住みたくなるということ。

2 傍線部②「家がつぶれかねない」はどういうことを表した表現か。最も適当なものを、次から選びなさい。

ⓐ ロシア文学の翻訳をしてもほとんど売れず儲からないということ。
ⓑ ロシア文学を読んでいると仕事ができずに生計を立てられないということ。
ⓒ ロシア文学の翻訳をすると家がつぶれるくらいの時間がかかるということ。

3 かつてのロシア文学と今のロシア文学の違いを次の空欄にあてはまる形で説明しなさい。

かつてのロシア文学は［①］のに対し、今のロシア文学は［②］という違い。

①

②

CHECK 35講で学んだこと

□「差異」を表す形を見つけられるようになった
□ 解答の際に「差異」のフレームワークを使えるようになった

Chapter 6
36講

類似②

二つのものの共通点をとらえよう

ここからつなげる 物事の共通点をとらえる「類似」の形は頻出です。「類似」の説明から「差異」の説明へと転換する場合もあるので、注意しながら読み取りましょう。

考えてみよう

類似から差異への転換に注意しながら読もう。

　語学と音楽の習得にはある共通点《類似》がある。（語学の勉強は、その言葉を聞いたことが無ければ、発音をすることや聞き取ることは決してできない。）それと同じように《類似》、（音楽も《類似》、例えば何かの楽器でとある音楽を演奏できるようになりたいと思った時、その音楽の音を聴いてみなければ、リズムやテンポのイメージを持つことができない。）

　このように、インプットが無ければアウトプットはできないという点で語学と音楽の習得は共通《類似》している。しかし《逆接》、語学は努力次第でかなりの程度まで能力が高まるのに対し《差異》、音楽の場合は持って生まれた才能が大きく影響する。その理由ははっきりしないが、人間の生存に必須の能力である言語の使用は、個人の才能に関わりなく身につけられるようになっているのかもしれない。

POINT 1 「共通点」に注意しよう

類似が出てきたときは、どういう点で似ているのかに注意しながら読みましょう。

例 語学：言葉を聞いてはじめて、発音や聞き取りが可能に
↔共通点
音楽：音楽の音を聴いてはじめて、リズムやテンポをイメージでき、楽器による演奏が可能に

POINT 2 「類似」の説明の後ろに「しかし」がきたら、「差異」の説明に転換する

二つの物事の共通点を説明した後ろに、「しかし」などのような逆接の接続表現がきたら、その後には差異の説明がきます。**類似と差異**はちょうど反対の関係であるということを意識して、文章を読んでいきましょう。

例 インプットが無ければアウトプットはできないという点で語学と音楽の習得は共通《類似》している。しかし《逆接》、語学は努力次第でかなりの程度まで能力が高まるのに対し《差異》、音楽の場合は持って生まれた才能が大きく影響する。

演習の解答 ➡ 別冊P.72

演習

●次の文章を読んで、あとの問いに答えなさい。

十八世紀以来、自然と社会との二つの関係で「学ぶ」ということを考えると、この二つの関係にはある種の共通性が見られる。一言で言えば、人間が「学ぶ」ことを通して自然や社会の事象に対して能動的な態度をとるようになり、それらをいろいろな形で「作り変える」ようになったことである。特に、「自然のもの」に対する受身的な態度とは違った人間の主体性とでも言うべきものがそこに見られる。この主体性の基盤を形づくっているのが、「学ぶ」という行為である。技術に代表される発想はその典型であり、われわれの社会は隅から隅までそうした発想によって「構成され」、形づくられている。

しかし、①この両者の関係の共通性というのは、歴史的に言えばある種の限定が必要である。これは学問論、あるいは学問分類論というもの自身が変化してきたことと関係がある。ヨーロッパの学問論の源流を形づくったのは古代ギリシアの哲学者であるアリストテレスと言われ、②その学問観は近世に至るまで人々を支配した。これを過去数世紀あまりの「学ぶ」ことをめぐる議論の変容と比較してみるとなかなかに興味深い。

佐々木《ささき》毅《たけし》『学ぶとはどういうことか』

1 傍線部①「この両者の関係の共通性」とあるが、「この両者の関係」とは何か。次の空欄にあてはまる形で説明しなさい。

[A]と[B]との関係と、[C]と[D]との関係。

A

B

C

D

2 傍線部①「この両者の関係の共通性」とあるが、「この両者の関係」はどういう点で共通しているのか。それを説明している部分を本文中から抜き出しなさい。

3 傍線部②「その学問観」とあるが、その学問観と異なる考え方によると「学ぶ」という行為は何を形づくっているか。本文中から抜き出しなさい。

✔ CHECK
36講で学んだこと

□「類似」の形を見つけられるようになった
□「類似」から「差異」の説明への転換を読み取れるようになった

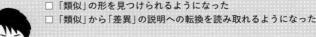

Chapter 6
37講

並列・選択②

「かつ」「または」で並べられているものに注意しよう

▼ここからつなげる 並列と選択では何と何が並べられているかを把握することが重要です。並べられているものを正確にとらえられるようになりましょう。

考えてみよう

何と何が並べられているのかに注意しながら読もう。

コミュニケーション能力に関して、「相手を傷つける言葉を平気で使う」ことが問題であると考える人が増えている。このコミュニケーション能力の問題は、中学生や高校生など、思春期の生徒に多く見られ、最近になってより目立ってきている。より目立つようになった理由を考えて見ると、原因は思春期であることだけでなく、最近の中高生はテレビやゲームなどで人を傷つける言葉に触れる機会が増えていることにもあると思われる。

それが正しければ、年齢の問題だと諦めるのみならず、テレビやゲームなどとの接し方についての指導が必要になる。

POINT 1 「並列」のフレームワーク

「並列」のフレームワークとは、「AかつB」という形の代わりになる表現です。これらは一見すると**否定**のように見えますが、**並列の働きをする表現**なので覚えておきましょう。

▼「並列」のフレームワーク

❶ AだけでなくBも
❷ AのみならずBも

例 原因は思春期であることだけでなく、最近の中高生はテレビやゲームなどで人を傷つける言葉に触れる機会が増えていることにもあると思われる。

POINT 2 並べられているものに注意しよう

並列・選択で並べられるものは様々な長さがあります。どの部分が並べられているのかを正確にとらえましょう。

例 中学生や高校生など、思春期の生徒
年齢の問題だと諦めるのみならず、テレビやゲームなどとの接し方についての指導が必要になる。

演習

●次の文章を読んで、あとの問いに答えなさい。

重要なのは、〈普遍語〉と〈現地語〉という二つの言葉が社会に同時に流通するとき、そこには、ほぼ必ず言葉の分業が生まれるということである。〈普遍語〉は、上位のレベルにあり、美的にだけでなく、知的にも、倫理的にも、最高のものを目指す重荷を負わされる。それに対して、〈現地語〉は下位のレベルにあり、もし〈書き言葉〉があったとしても、それは、基本的には、無教養な庶民のためのものでしかない。詩や劇が〈現地語〉で書かれることはあるが、文学として意味をもつ散文が書かれることは少ない。〈現地語〉は、時に美的に高みを目指す重荷を負わされることはあるが、知的または倫理的に高みを目指す重荷を負わされることはない。〈現地語〉は、ベネディクト・アンダーソンの著書『想像の共同体』では、「口語俗語」とよばれるものである。

水村《みずむら》美苗《みなえ》『日本語が亡びるとき』

1 本文の中にある次の接続表現を、それぞれ本文中から抜き出しなさい。

① 「並列」の接続表現二つ

② 「選択」の接続表現一つ

2 傍線部「言葉の分業」とあるが、それを説明した次の文章の空欄にあてはまる語句を、本文中から抜き出しなさい。

①と②が分業してそれぞれの役割を担う。①は③にだけではなく、④にも⑤にも最高のものを目指す役割がある。それに対して②は③に高みを目指すことはあるが、④または⑤に高みを目指す役割を負わされることはない。

① ② ③ ④ ⑤

✔ CHECK 37講で学んだこと

□「並列」のフレームワークを見つけられるようになった
□「並べられているもの」を正確にとらえられるようになった

Chapter 6
38講

矛盾・逆説②

相反する二つの物事をとらえよう

▼ここからつなげる 現代文の問題を解くときの絶対ルールとして「文章に書かれている内容は全て正しい」というものがあります。「矛盾」したように見える主張も、「逆説」となります。

考えてみよう

矛盾も逆説になると考えながら読もう。

戦争や戦いは悪である。なぜなら、平和な生活をすることが一番優先すべきことであるからである。しかし、いざ急に、自国が他国によって攻められたとき、戦わないことは「平和」なのであろうか。逆に自国の損害を最小限にするために戦うことは「平和」を無視していると言えるのだろうか。このように、戦いは「絶対に悪」とは言えないと同時に、「良いこと」とも決して言えない。

この論理的に非常に難しい問題が実際に生じる前に、国としてどう行動するかを決めておく必要があり、それが「自衛権をどう解釈するか」という判断に繋《つな》がる。特に話題にあがる、集団的自衛権の行使は正当か不当かという問題は、「どの程度の応戦は許されるのか」という問いに帰着する。

POINT 1 「矛盾」と「逆説」

矛盾は、二つの事柄が相反していて、その事柄が「正しくない」と判断される状態のことです。対して、**逆説**とは、一見すると二つの事柄が相反しているように見えるけれど、それらの事柄は実は正しいと判断される状態のことです。現代文の読解においては、文章の中の主張は必ず「正しい」とみなすので、矛盾したような主張が展開された場合は逆説と考えて読むようにしましょう。

POINT 2 「逆説」の説明

逆説を説明する問題は難関大で頻出です。相反する二つの事柄をとらえて、「逆説」のフレームワークを使って説明しましょう。

▼「逆説」のフレームワーク

❶ Aであると同時にB（Aと矛盾するように見える）。

❷ Aすると、かえってB（Aと矛盾するように見える）。

例 戦いは「絶対に悪」とは言えないと同時に、「良いこと」とも決して言えない。

演習

●次の文章を読んで、あとの問いに答えなさい。

こんなことを言って、無分別に悪を称揚しているのではない。悪はもちろん大変な破壊性をもっている。すでに述べたように、鶴見少年や日高少年が実際に自殺してしまっていたら大変なことである。

日高さんの場合は素晴らしい担任教師がいた。鶴見さんの場合については詳しく語れなかったが、結局は母親から（そして、実は日本という母性社会から）離すのがよいとして、アメリカに留学させることを決定した父親がいた。このように、①悪がポジティブに変容するとき、そこに重要な他者がからんでくることも、ひとつの要因である。それは必ずしもいつも起こるとは限らず、田辺さんの場合は「突然に」生じている。

このようにいろいろな例を見てくると、「悪」というのが実に一筋縄では捉えられない難しいものであることがわかる。それは無い方がいいと簡単に言い切れないし、さりとて、あるほどよいなどとも言っておられない。それは思いの外に二面性や②逆説性をもっている。

河合隼雄《かわいはやお》『子どもと悪』

1 傍線部①「悪がポジティブに変容する」とあるが、「鶴見さん」の場合に即して説明すると、どういうことか。最も適当なものを、次から選びなさい。

ⓐ 母親から離れてアメリカに留学したことで悩んでしまったが、日本に戻って事態が好転したということ。

ⓑ 日本社会の中で悩みを抱えていたが、素晴らしい担任教師のおかげで、日本社会の中で生きていく術を身につけることができたこと。

ⓒ 日本において母親との関係で悩んでいたが、そのことでかえってアメリカに留学する機会を得て人生が好転したということ。

2 傍線部②「逆説性」とあるが、どういうことか。それを説明した次の文の空欄にあてはまる語句を、本文中から抜き出しなさい。

A というものが、 B と同時に、 C ということ。

A

B

C

✔ CHECK
38講で学んだこと

□「矛盾」と「逆説」の違いがわかるようになった
□「逆説」のフレームワークを見つけられるようになった

NOTE

NOTE

著者 柳生好之

リクルート「スタディサプリ」現代文講師。難関大受験専門塾「現論会」代表。早稲田大学第一文学部総合人文学科日本文学専修卒業。「文法」「論理」という客観的ルールに従った読解法を提唱し、誰でも最短で現代文・小論文ができるようになる授業を行う。その極めて再現性の高い読解法により、東大など最難関大学を志望する受験生から現代文が苦手な受験生まで、幅広く支持されている。主な著書に、『入試現代文の単語帳BIBLIA2000』(Gakken)や『ゼロから覚醒 はじめよう現代文』(かんき出版)がある。

KOKOKARA DRILL SERIES 大学 TSUNAGERU 入試

柳生のここからつなげる現代文ドリル

PRODUCTION STAFF

ブックデザイン	植草可純　前田歩来（APRON）
著者イラスト	芦野公平
本文イラスト	かざまりさ
企画編集	髙橋龍之助（Gakken）
編集担当	髙橋龍之助　留森桃子（Gakken）
編集協力	株式会社 オルタナプロ
校正	高倉啓輔　竹本陽　有限会社 マイプラン
販売担当	永峰威世紀（Gakken）
データ作成	株式会社 四国写研
印刷	株式会社 リーブルテック

KOKOKARA DRILL SERIES

大学 TSUNAGERU 入試

柳生のここからつなげる現代文ドリル

別冊

解答・・・・・・解説

Answer and Explanation
A Workbook for Achieving Complete Mastery
Modern Japanese by Yoshiyuki Yagyu

Gakken

➡軽くのりづけされているので、外して使いましょう。

柳生のここからつなげる現代文ドリル

別冊 解答解説

答え合わせのあと
必ず解説も読んで
理解を深めよう

MEMO

文の構造のまとめ①

演習の問題
↓本冊P.19

文章の構造

①一《主部》つの勉強をやり切ることで身につくこと、そして将来に役立つことは「自《述部》信」がつくということです。②自《主語》信は侮《述語》れません。③「《主部》やればできる」という気持ちは、実《述部》際に行動するときの大きな原動力なのです。

私はよく④「《主部》先生が思う東大生と他の大学の学生との違いは何ですか」という質問を受けることがあ《述語》ります。もちろん東大生だってピンキリ、⑤他《主部》大学の学生だってピ《述語》ンキリなので、あくまで一般的な傾向ということになりますが、⑥東《主部》大生だから能力がとりわけ高いということは⑦（《修飾語》それほど）感《述語》じません。それよりも⑧私《主語》は、⑨（《修飾部》「自信」を持っているかどうかが違うと）感《述語》じます。もっと言えば「根拠のない自信」です。少なくとも東大生は受験勉強という狭い世界ではありますが、⑩や《主部》り切って結果を出した経験があ《述語》るので、⑪そ《主語》れが⑫（《修飾部》「自分はやればできる」という自信に）つ《述語》ながり、何かチャレンジするときの態度の差になって表れているように思います。

⑬「《主部》自分はやればできる」が⑭（《修飾語》前向きに）作《述語》用すれば、新しいことをやるときの力になります。

畑村洋太郎『考える力をつける本』

1

① a
② a
③ a
④ a
⑤ a
⑥ a
⑦ b
⑧ a
⑨ b
⑩ a
⑪ a
⑫ b
⑬ a
⑭ b

解説

1

① 解答 ⓐ
「一つの勉強をやり切ることで身につくこと、そして将来に役立つことは」がひとまとまりで主部となり、「『自信』がつくということです」という述部が主部を説明しています。

② 解答 ⓐ
「自信は」が主語となり、「侮れません」という述語が主語を説明しています。

③ 解答 ⓐ
「『やればできる』という気持ちは」がひとまとまりで主部となり、「実際に行動するときの大きな原動力なのです」という述部が主部を説明しています。

④ 解答 ⓐ
「『先生が思う東大生と他の大学の学生との違いは何ですか』という質問を受けることが」がひとまとまりで主部となり、「あります」という述語が主部を説明しています。

⑤ 解答 ⓐ
「他大学の学生だって」がひとまとまりで主部となり、「ピンキリなので」という述語が主部を説明しています。

⑥ 解答 ⓐ
「東大生だから能力がとりわけ高いということは」がひとまとまりで主部となり、「感じません」という述語が主部を説明しています。

⑦ 解答 ⓑ
「それほど」が修飾語となって、「感じません」という部分を説明しています。

⑧ 解答 ⓐ
「私は」が主語となって、「感じます」という述語が主語を説明しています。

⑨ 解答 ⓑ
「『自信』を持っているかどうかが違うと」がひとまとまりで修飾部となって、「感じます」という部分を説明しています。

⑩ 解答 ⓐ
「やり切って結果を出した経験が」がひとまとまりで主部となり、「あるので」という述語が主部を説明しています。

⑪ 解答 ⓐ
「それが」が主語となって、「つながり」という述語が主語を説明しています。

⑫ 解答 ⓑ
「『自分はやればできる』という自信に」がひとまとまりで修飾部となって、「つながり」という部分を説明しています。

⑬ 解答 ⓐ
「『自分はやればできる』が」がひとまとまりで主部となり、「作用すれば」という述語が主部を説明しています。

⑭ 解答 ⓑ
「前向きに」が修飾語となって、「作用すれば」という部分を説明しています。

Chapter 1
02講

文の構造のまとめ②

演習の問題 ↓本冊P.21

文章の構造

私が富士山を想像する場合、①（ふつうは）〔修飾語〕、私がァ富士山の像②（または）〔接続語〕イメージを、ィ現実の富士山の写しとして心で形づくる、③（あるいは）〔接続語〕想い抱くことだ、と（考えられているだろう）〔被修飾部〕。この場合、Ⅰ〔複文〕像を想い抱くとか形づくるとかいういいまわしのなかに、それとしてイメージの実体化がある。④〔接続部〕ことばが行いやすい事の物化があるが、それだけではない。⑤（それ以前に）〔修飾語〕、私たちは、現実の富士山の姿を想定した上でイメージをその写しと考えている、（ということがある）〔被修飾部〕。

⑥（しかし）〔接続語〕、私が富士山を想像するとき、果たして事実、イメージはそのようなものとしてあるのだろうか。むしろイメージとは、第一義的には意識の働きがそれとして現前させるものではないだろうか。かつて見たⅡ富士山の姿のゥ記憶も、写真も絵も知識も、想像作用にとってはきっかけにすぎず、現実の富士山の実在は必ずしも前提とされてはいない。

中村雄二郎『哲学の現在』

1 ①ⓐ ②ⓑ ③ⓑ ④ⓑ ⑤ⓐ ⑥ⓑ

2 ア イメージ（四字） イ 想い抱く（四字） ウ 写真も絵も知識も（八字）

3 Ⅰ ⓑ Ⅱ ⓒ

解説

1 ① **解答** ⓐ

「ふつうは」は「考えられているだろう」を詳しく説明する働きをしています。

② **解答** ⓑ

「富士山の像」と「イメージ」を並列させる働きをしています。

③ **解答** ⓑ

「心で形づくる」と「想い抱く」を並列させる働きをしています。

④ **解答** ⓑ

「ことばが行いやすい事の物化がある」という文が、「それだけではない」という文につなげられています。

⑤ **解答** ⓐ

「それ以前に」が「ということがある」を詳しく説明する働きをしています。

⑥ **解答** ⓑ

「しかし」は前の内容とは反対の内容をもつ文が続くことを表す働きをする接続語です。

2

ア **解答** **イメージ**（四字）

「または」という接続語で結びつけられている部分を探します。

イ **解答** **想い抱く**（四字）

「あるいは」という接続語で結びつけられている部分を探します。

ウ **解答** **写真も絵も知識も**（八字）

「〜も」という助詞で結びつけられている部分を探すと、今回は複数のものが「〜も」という言葉で並列されていることがわかります。

3

Ⅰ **解答** ⓑ

像を想い抱くとか形づくるとかいういいまわしのなかに、それとしてイメージの実体化がある。（主語①は省略されている）

Ⅱ **解答** ⓒ

富士山の姿の記憶も、写真も絵も知識も、想像作用にとってはきっかけにすぎず、現実の富士山の実在は必ずしも前提とされてはいない。

主部・述部の発見

演習の問題
↓本冊P.23

文章の構造

〔主部〕こうした「随分奇妙な」日本人の感性は仏教によって①〔述語〕つちかわれた面は確かに②〔述部〕あるかもしれないが、その影響関係については〔主語〕留保が③〔述語〕必要である。〔主部〕インドで生まれた仏教は中国で体系化されて日本に④〔述語〕伝わるが、日本において〔主語〕仏教は⑤〔述語〕変質する。いわば⑥〔述部〕日本化したのである。

仏教において〔主語〕無常とは、この世には永遠不変のもの（常なるもの）は存在せず、いっさいのものが生滅するものであり、いずれは消滅するべき定めにあるという事態を⑦〔述語〕指す。〔主語〕人間もまたその例外ではなく、老・病・死を⑧〔述部〕免れることはできない。〔主語〕無常は人間のあらゆる「苦」（苦悩・苦痛）の⑨〔述語〕元凶である。心の平安としての悟りの境地に達するためには無常の現実を否定し、それから⑩〔述部〕自由にならなければならない。無常の現実に流されるのではなくて、無常の現実に〔主語〕人間は意志的＝理知的に働きかけて⑪〔述部〕乗り越えなければならない。〔主語〕無常はすぐれて倫理的＝実践的問題を⑫〔述語〕提起する。

これが仏教における無常の問題である。

野内良三『偶然を生きる思想』

1

① こうした「随分奇妙な」日本人の感性は
② こうした「随分奇妙な」日本人の感性は仏教によってつちかわれた面は
③ 留保が　④ インドで生まれた仏教は　⑤ 仏教は　⑥ 仏教は　⑦ 無常とは　⑧ 人間も
⑨ 無常は　⑩ 人間は　⑪ 人間は　⑫ 無常は

解説

1

① 解答 こうした「随分奇妙な」日本人の感性は

「つちかわれた」に対応する「名詞＋は／が」のまとまりを探すと、「こうした『随分奇妙な』日本人の感性は」という部分が見つかります。

② 解答 こうした「随分奇妙な」日本人の感性は仏教によってつちかわれた面は

何が「ある」のか考え、「名詞＋は／が」を探すと「こうした『随分奇妙な』日本人の感性は仏教によってつちかわれた面は」が見つかります。

③ 解答 留保が

何が「必要である」のか考え、「名詞＋は／が」を探すと「留保が」が見つかります。

④ 解答 インドで生まれた仏教は

何が「伝わる」のか考え、「名詞＋は／が」を探すと「インドで生まれた仏教は」が見つかります。

⑤ 解答 仏教は

何が「変質する」のか考え、「名詞＋は／が」を探すと「仏教は」が見つかります。

⑥ 解答 仏教は

文中に「名詞＋は／が」のまとまりがありません。したがって主語の省略です。変質＝日本化なので、「仏教は」が答えです。

⑦ 解答 無常とは

何が文中の内容を「指す」のか考え、「名詞＋は／が」を探すと「無常とは」が見つかります。

⑧ 解答 人間も

何が「免れることができない」のか考え、「名詞＋は／が」を探すと、「人間も」が見つかります。

⑨ 解答 無常は

何が「元凶」なのか考え、「名詞＋は／が」を探すと、「無常は」が見つかります。

⑩ 解答 人間は

何が「自由にならなければならない」のか考えますが、そこに対応する「名詞＋は／が」は存在しないので主語の省略です。無常はあらゆる人間の苦痛の元凶だと書かれているので、そこから自由にならなければならないのは「人間」です。

⑪ 解答 人間は

何が「乗り越えなければならない」のか考え、「名詞＋は／が」を探すと「人間は」が見つかります。

⑫ 解答 無常は

何が「提起する」のか考え、「名詞＋は／が」を探すと「無常は」が見つかります。

修飾関係の把握

演習の問題 ↓本冊P.25

文章の構造

哲学は、これを全体として見ると、ニセ学問である。①このことをはっきり認める（被修飾語）ことが、②今までの哲学者たちにはその体面上、できなかった（被修飾語）。③これからは、この自覚を持って、自らの思索の効用と限界を意識しつつ、④ニセ学問の領域をさらに開拓してゆきたい（被修飾語）。ニセ学問という特別の議論の場を設けることによって、われわれは、⑤かなり雑多な、異質的な価値を（被修飾語）持ちつつ、しかも⑥それらについてかなり冷静に議論できるような（被修飾部）状態を作るようにしたい。⑦価値についての議論を、科学における議論の公正さに少しでもあやからせたい（被修飾語）。しかし⑧少なくとも現在までの人間の学問の発達段階では、十分の公正さと客観性とをもって価値問題を論じることはできないのだ（被修飾部）。この未熟さを認めないゆえに、現代日本の進歩的思想家の多くは、⑨価値問題についてまったく「科学的」な断案を下すのであるが（被修飾部）、⑩こんな認識不足の方法では、学問領域と実践領域との間の溝をふさぐ事はできない（被修飾部）。両者の溝を正しくうめるには、⑪ニセ学問という中間領域を確立する（被修飾語）他に道がない。それは、よくわからない事を「わからない」と言い、曖昧な事を「曖昧だ」と認め、⑫自分の使う言語の効用と限界について明らかな反省を持ちつつ（被修飾語）進む、思索である。

鶴見俊輔《つるみしゅんすけ》『プラグマティズムと日本』

1

①認める　②できなかった　③開拓してゆきたい　④開拓してゆきたい
⑤価値を　⑥議論できるような　⑦あやからせたい　⑧論じることはできないのだ
⑨断案を下すのであるが　⑩ふさぐ事はできない　⑪確立する　⑫持ちつつ

解説

1

① 解答 認める

「このことを」は連用修飾をしているので「認める」が正解です。

② 解答 できなかった

「今までの哲学者たちには」は連用修飾をしているので「できなかった」が正解です。

③ 解答 開拓してゆきたい

「これからは」は連用修飾をしているので「開拓してゆきたい」が正解です。

④ 解答 開拓してゆきたい

「ニセ学問の領域を」は連用修飾をしているので「開拓してゆきたい」が正解です。

⑤ 解答 価値を

「かなり雑多な」は連体修飾をしているので「価値を」が正解です。

⑥ 解答 議論できるような

「それらについて」は連用修飾をしているので「議論できるような」が正解です。

⑦ 解答 あやからせたい

「価値についての議論を」は連用修飾をしているので「あやからせたい」が正解です。

⑧ 解答 論じることはできないのだ

「少なくとも現在までの人間の学問の発達段階では」は連用修飾をしているので「論じることはできないのだ」が正解です。

⑨ 解答 断案を下すのであるが

「価値問題について」は連用修飾をしているので「断案を下すのであるが」が正解です。

⑩ 解答 ふさぐ事はできない

「こんな認識不足の方法では」は連用修飾をしているので「ふさぐ事はできない」が正解です。

⑪ 解答 確立する

「ニセ学問という中間領域を」は連用修飾をしているので「確立する」が正解です。

⑫ 解答 持ちつつ

「自分の使う言語の効用と限界について明らかな反省を」は連用修飾をしているので「持ちつつ」が正解です。

否定①

演習の問題
↓本冊P.27

文章の構造

私には、坂口安吾《あんご》が孜々《しし》としてあらゆる形式をぶちこわすのに対して、石川淳《じゅん》がひたすら方法を模索するといったような意味で、この二人の昭和十年代に出発した作家の関係を、①ダダイスムとシュルレアリスムの関係として捉えてみたいような気がしないでもない。本人が実際に影響を受けたかどうかはともかくとして、安吾の初期作品『木枯《こがらし》の酒倉から』や『風博士』には、たしかに日本的なダダの味わいがあるし、淳の『山桜』から戦後風俗を素材とした数々の幻想的短篇、あるいは『鷹』から『虹』にいたる中篇には、明らかに超現実主義風の味わいが読みとれるであろう。しかし、②私が強調したいのは必ずしもそのことではない《否定のフレームワーク》。むしろ私は、生き方や倫理の問題に重点を置いて言っているのである。周知のように、フランス本国のダダやシュルレアリスムも、単に美学上の変革ではなく《否定のフレームワーク》、より大きく生き方に係わるところのものであった。

澁澤龍彦《しぶさわたつひこ》『石川淳と坂口安吾　あるいは道化の宿命について』

1
ダダイスム 孜々としてあらゆる形式をぶちこわす
シュルレアリスム ひたすら方法を模索する
関係性 ⓐ

2
(1) 美学上の変革　(2) 生き方や倫理の問題

解説

1 ダダイスム **解答** 孜々としてあらゆる形式をぶちこわす
シュルレアリスム **解答** ひたすら方法を模索する
関係性 **解答** ⓐ

ダダイスムは坂口安吾についての説明に対応し、シュルレアリスムは石川淳についての説明に対応するので、ダダイスムについては、「孜々としてあらゆる形式をぶちこわす」が正解で、シュルレアリスムについては、「ひたすら方法を模索する」が正解です。本文中にこの両者の関係について、「～に対して」という言葉が用いられているので、両者の関係は「差異」となります。

2 (1) 美学上の変革
(2) 生き方や倫理の問題

本文最終文に「Aではなく、(ではない。)Bである」という「否定」のフレームワークが見つかります。「単に美学上の変革ではなく、より大きく生き方に係わるところのもの」とあるので、(1)は、否定されている「美学上の変革」が正解です。(2)については、九字という指定があり、「生き方や倫理の問題に重点を置いて」とあるので、「生き方や倫理の問題」が正解です。

演習の問題
↓本冊P.29

文章の構造

また会社に入って最初に馴染んでしまった考え方が、後々まで自分の価値観として根づいてしまうということもよくあることです。いわゆる「刷り込み現象」といわれるものです。

実際、会社というのは不思議な場所で、それぞれの会社が独自の文化を持って動き、①そこに属している人たちは自覚のないまま②その文化に染められてしまうのが常です。とくに組織の中で出世しているような人たちは、最もその会社の文化に馴染んでいるから高い地位にいられるという逆説的な見方もできます。③このような人たちが、会社の文化以外のものの考え方をするのは、平社員に比べてもはるかに難しいのです。

このように、ある文化が刷り込まれている人が、「自由な発想をしたほうがいいですよ」「状況が変わったからこれまでの制約をはずして考えなければだめですよ」などといった類のアドバイスをいくらもらっても、言われた人はそう簡単に発想を変えることはできません。変わるには、④その人自身がまず変わることの必要性、重要性を理解し、「変わりたい」と心から強く望まなければ無理です。そして、どのような方向に変わればいいのかを見極め、変わるためになにをすればいいのかを自分で考えて行動できる力を備えなければ、⑤それは容易に達成することはできません。

畑村洋太郎『失敗を活かす仕事術』

1 ①ⓐ　②ⓑ　③ⓒ　④ⓑ　⑤ⓐ

2 ①それぞれの会社　②（それぞれの会社）独自の
③組織の中で出世しているような人たち　④ある文化が刷り込まれている
⑤発想を変えること

解説

1

① **解答** ⓐ
「そこ」は、指示代名詞です。

② **解答** ⓑ
「その」は、指示連体詞です。

③ **解答** ⓒ
「このような」は、まとめの指示語です。

④ **解答** ⓑ
「その」は、指示連体詞です。

⑤ **解答** ⓐ
「それ」は指示代名詞です。

2

① **解答** それぞれの会社
「そこ」は、人々が属しているものであるので、「それぞれの会社」が正解です。

② **解答** （それぞれの会社）独自の
「その」は、「文化」を修飾しているので、「（それぞれの会社）独自の」が正解です。

③ **解答** 組織の中で出世しているような人たち
「このような」は、「人たち」を修飾しているので、「組織の中で出世しているような人たち」が正解です。

④ **解答** ある文化が刷り込まれている
「その」は、「人」を修飾しているので、「ある文化が刷り込まれている」が正解です。

⑤ **解答** 発想を変えること
「それ」は、人々が容易に達成できないことであるので、「発想を変えること」が正解です。

指示語②

演習の問題
↓本冊P.31

文章の構造

一九七〇年代までの人びとの歴史意識は、というよりも「自明」のように前提されていた歴史感覚は、歴史というものが「加速度的」に進歩し発展するという感覚であった。①この感覚には客観的な根拠があった。（例えばエネルギー消費量の、加速度的な増大という事実に、②それは裏付けされていた。）けれども少し考えてみると、③このような加速度的な進展が、永久に続くものでないことは明らかである。一九七〇年代ローマクラブの『成長の限界』以来すでに多くの推計が示しているとおり、人類はいくつもの基本的な環境資源を、今世紀前半の内に使い果たそうとしている。われわれのミレニアムは、二〇〇一年九月一一日世界貿易センタービルへの爆破テロによって開幕しているが、ハイジャック犯によってビルに激突する数分前の航空機にわれわれの星は似ているのであって、どこかで方向を転換しなければ、このまま進展する限り破滅に至るだけである。

見田宗介『現代社会はどこに向かうか』

1 ① ⓑ　② ⓐ　③ ⓒ

2 ① 歴史というものが「加速度的」に進歩し発展するという

② この感覚（歴史というものが「加速度的」に進歩し発展するという感覚）

3 歴史というものが「加速度的」に進歩し発展するという（こと。）

解説

1

① 解答 ⓑ

「この」は、指示連体詞です。

② 解答 ⓐ

「それ」は、指示代名詞です。

③ 解答 ⓒ

「このような」は、まとめの指示語です。

2

① 解答 歴史というものが「加速度的」に進歩し発展するという

「この」は、「感覚」を修飾しているので、「歴史というものが『加速度的』に進歩し発展するという」が正解です。

② 解答 この感覚（歴史というものが「加速度的」に進歩し発展するという感覚）

「それ」は、裏付けされているものであるので、「この感覚（歴史というものが『加速度的』に進歩し発展するという感覚）」が正解です。

3

解答 歴史というものが「加速度的」に進歩し発展するという（こと。）

波線部「加速度的な進展」直前の「このような」はまとめの指示語でした。したがって、この一文以前の文章のうち、どこが具体の部分で、どこが抽象の部分なのかを考えます。「加速度的な進展」は抽象の部分にあたるので、波線部以前で抽象の部分を探すと、「歴史というものが『加速度的』に進歩し発展するという」とあり、「〜こと」につながる言葉が見つかります。この部分が正解です。

接続表現①

演習の問題
↓本冊P.33

文章の構造

近年、人々の多様性を尊重することの重要性が盛んに主張されている。**例えば**[例示]、職場の男女比を半々に近づけるとか、出身国や人種など、バックグラウンドの異なる人々が協同できるコミュニティを創出するとか、そのような主張を耳にする機会が増えている。このような動きの背景にあるのは、多様な考えを接触させることで、新たな発想を生み出しやすい環境を整えたい企業の要請である。しかし、さらにその背景を探っていくならば、根本的な原因として考えられるのは、むしろ平等を目指そうとする人々の志向だろう。

性別や国籍、人種などによって人が差別されることがあってはならないとする平等の理念は、間違いなく世の中をより良くしてきたと言える。現代においても未だ残っている差別を無くそうとする志向が、多様性の尊重という標語のもとで引き続き推進されているのである。**しかし**[逆接]、多様性の尊重と平等の理念は両立可能なのだろうか。両者は互いに矛盾するものなのではないか。人それぞれが持つ個性は多様で、それぞれに独自なものである以上、それらを真に尊重するとすれば、各人を扱う仕方もまた多様になるはずだ。**そして**、それぞれの個性に合わせて人に接する時、そのやり方は平等ではありえない。**したがって**[順接]、多様性の尊重という主張は、根本的なところで自己矛盾を含んでいるのである。

1
ア ⓐ
イ ⓑ
ウ ⓑ
エ ⓐ
オ ⓒ
カ ⓓ

2
① ⓓ
② ⓑ
③ ⓒ
④ ⓐ

解説

1

ア 解答 ⓐ
「しかし」は逆接の接続表現です。

イ 解答 ⓑ
「したがって」は順接の接続表現です。

ウ 解答 ⓑ
「だから」は順接の接続表現です。

エ 解答 ⓐ
「ところが」は逆接の接続表現です。

オ 解答 ⓒ
「例えば」は例示の接続表現です。

カ 解答 ⓓ
「そして」は前の文の事柄に後の文の事柄がつながることを示すだけで、前後の関係は様々です。

2

① 解答 ⓓ
空欄の前の一文では「人々の多様性を尊重することの重要性が盛んに主張されている」とあり、空欄の後では「職場の男女比を半々に近づけるとか、出身国や人種など、バックグラウンドの異なる人々が協同できるコミュニティを創出するとか」と多様性を尊重するための活動の具体例が書かれています。したがって、例示の接続表現の「例えば」が正解です。

② 解答 ⓑ
空欄の前の一文では「現代においても未だ残っている差別を無くそうとする志向が、多様性の尊重という標語のもとで引き続き推進されているのである」とあり、空欄の後では「多様性の尊重と平等の理念は両立可能なのだろうか。両者は互いに矛盾するものなのではないか」と前と反対の内容が後に続いています。したがって、逆接の接続表現の「しかし」が正解です。

③ 解答 ⓒ
空欄の前の一文では「人それぞれが持つ個性は多様で、それぞれに独自なものである以上、それらを真に尊重するとすれば、各人を扱う仕方もまた多様になるはずだ」とあり、空欄の後では「それぞれの個性に合わせて人に接する時、そのやり方は平等ではありえない」と続いています。順接でも逆接でも例示でもないので、「そして」が正解です。「そして」の空所補充に自信が持てないときは、いったん後回しにして、消去法で解くことも有効です。

④ 解答 ⓐ
空欄の前では多様性の尊重と平等の理念が両立できないことが主張されており、空欄の後では「多様性の尊重という主張は、根本的なところで自己矛盾を含んでいるのである」と順当な結果が続いています。したがって、順接の接続表現の「したがって」が正解です。

文章の構造

国際社会で活躍できる人材を育成するために、早期英語教育の重要性が叫ばれている。すでに小学校で英語が必修化されたが、**さらに**（並列・累加）幼稚園や保育園からも英語を教える必要があるという論者も存在する。一方で、あまりに早い時期から英語を教えることには根強い反対勢力がある。彼らは、外国語の運用能力は母語の運用能力を超えないとし、幼稚園生や小学生にはまず国語をきちんと学習させなければ高い英語力は身に着かないとする。この論争自体は重要だが、実は両陣営がともに見落としている論点が存在する。**すなわち**（換言・要約）、そもそも日本人が英語を学習する必要性がどれだけあるか、という点である。海外で生活する**または**（対比・選択）外資系企業に勤める日本人の割合は、非常に少ない。そんな中で、日本人の全員が膨大な時間を英語学習に費やすことは、果たして適切なことなのだろうか。英語ができれば、海外のニュース番組が理解できたり、新聞が読めたりして、世界が広がることは間違いない。しかし、それは全ての日本人に必要なことだろうか？

1 ア ⓐ　イ ⓒ　ウ ⓑ　エ ⓑ　オ ⓐ

2 ① ⓐ　② ⓒ　③ ⓑ

3 ①（小学校で英語が必修化された）（幼稚園や保育園からも英語を教える必要がある）

②（両陣営がともに見落としている論点）（そもそも日本人が英語を学習する必要性がどれだけあるか、という点）

③（海外で生活する）（外資系企業に勤める）

演習の問題
↓本冊P.35

解説

1 ア 解答 ⓐ
「さらに」は並列・累加の接続表現です。
イ 解答 ⓒ
「すなわち」は換言・要約の接続表現です。
ウ 解答 ⓑ
「あるいは」は対比・選択の接続表現です。
エ 解答 ⓑ
「ないしは」は対比・選択の接続表現です。
オ 解答 ⓐ
「しかも」は並列・累加の接続表現です。

2 ① 解答 ⓐ
空欄の前では「小学校で英語が必修化された」こと、後ろでは「幼稚園や保育園からも英語を教える必要がある」という論者について述べています。「幼稚園や保育園からも英語を教える」ということは、「小学校で英語が必修化された」ことへの累加なので、並列・累加の接続表現の「さらに」が正解です。
② 解答 ⓒ
空欄の前では「両陣営がともに見落としている論点が存在する」こと、後ろでは「そもそも日本人が英語を学習する必要性」に疑問があることが述べられています。「見落としている論点」とは「日本人が英語を学習する必要性」のことです。ここでは前の文の言い換えをしているため、換言・要約の接続表現の「すなわち」が正解です。
③ 解答 ⓑ
空欄の前には「海外で生活する」、後ろには「外資系企業に勤める日本人」とあります。この一文では英語を学習する必要性がある日本人の例を挙げています。「海外で生活する」人も、「外資系企業に勤める人」も、「英語を学習する必要性」がある人なので、対比・選択の接続表現の「または」が正解です。

3 ① 解答 **(小学校で英語が必修化された)(幼稚園や保育園からも英語を教える必要がある)**
接続表現は、前後の内容をつなげます。接続表現の前では「小学校で英語が必修化された」こと、後ろでは「幼稚園や保育園からも英語を教える必要がある」という論者について述べています。両方、後ろに「こと」と付けられるので、つながっている語句だとわかります。
② 解答 **(両陣営がともに見落としている論点)(そもそも日本人が英語を学習する必要性がどれだけあるか、という点)**
空欄の前後を見ると、前に「両陣営がともに見落としている論点」、後ろに「そもそも日本人が英語を学習する必要性がどれだけあるか、という点」とあります。「点」で両方終わるので、これがつながっている語句だとわかります。
③ 解答 **(海外で生活する)(外資系企業に勤める)**
空所の前後を見ると、前が「海外で生活する」、後ろが「外資系企業に勤める」日本人となります。海外で生活する、にも後ろに「日本人」を付けられるので、これがつながっている語句だとわかります。

接続表現③

演習の問題
↓本冊P.37

文章の構造

言語はまさに「意味」そのものであることによって、それまで会ったこともない話し手と聞き手の間でも、これからも会うことがない書き手と読み手の間でも、意思の伝達を可能にするのです。そして、ひとたび同じ言葉を話し、同じ文字を書きさえすれば、人間と人間は同じ「人間」として意思を通じ合えることになるのです。

［換言・要約］**すなわち**、言語の媒介は、血縁や地縁で結ばれた小さな集団を超えて、人間と人間とがまさに同じ「人間」として関係し合える「人間社会」を生み出すことになったのです。

［転換］**ところで**、法も貨幣も、どちらが先かは不明ですが、言語よりも遅く誕生したことは確かです（［補足］**ただし**、書き言葉の誕生とは時期的にそれほど離れていません）。

ひとたび法が成立すると、小さな集団の中のむき出しの力関係は、抽象的な権利と義務の関係に置き換わります。他人が私に危害を加えないのは、私の方が力が強いからではなく、私の人権を侵害しない義務を負っているからです［理由の文末表現］。私が他人から不当な損害を受けても直接仕返しをしないのは、司法を通して賠償の義務を負わせる権利を持っているからです［理由の文末表現］。

岩井克人『経済学の宇宙』

1 ア ⓐ　イ ⓑ　ウ ⓐ　エ ⓒ　オ ⓑ　カ ⓒ

2 ① ⓒ　② ⓑ

3 ⓑ

解説

1

ア 解答 ⓐ
「なぜなら」は理由の接続表現です。
イ 解答 ⓑ
「もっとも」は補足の接続表現です。
ウ 解答 ⓐ
「というのは」は理由の接続表現です。
エ 解答 ⓒ
「ところで」は転換の接続表現です。
オ 解答 ⓑ
「ただし」は補足の接続表現です。
カ 解答 ⓒ
「さて」は転換の接続表現です。

2

① 解答 ⓒ
最初の段落で、「言語」を話題にしています。そして次の段落は「すなわち」ではじまり、最初の段落の内容をまとめています。空欄①からはじまる段落では、「法や貨幣」を取り上げており、次の段落では主に「法」について述べています。このことから、空欄①が含まれる段落から話題が変わっていることが読み取れるため、転換の接続表現の「ところで」が正解です。

② 解答 ⓑ
空欄②が含まれる（ ）内は、「法」と「貨幣」の「誕生」について補足の説明を行っているので、補足の接続表現の「ただし」が正解になります。他の選択肢を見ても、空欄②が含まれる部分の前後では話題は大きく変わっていないため、「ところで」ではないことがわかります。また、「なぜなら」ではじまる文は、「なぜなら〜（だ）から」という形になるため正解ではありません。

3

解答 ⓑ
波線部を含む一文は「他人が私に危害を加えないのは、私の方が力が強いからではなく、私の人権を侵害しない義務を負っているからです。」となっており、波線部の後に「〜（だ）から」という理由の表現があるのがわかります。ここでは、「ではなく」という言葉で「私の方が力が強いから」という理由が否定され、かわりに「私の人権を侵害しない義務を負っているから」という理由が肯定されています。したがって、ⓑが正解です。

具体例

演習の問題 ↓本冊P.39

文章の構造

ところが私たちの利用する記号の中には、いま説明したァ自然記号とは異なる性質をもつ、もう一つ別のタイプの重要な記号があるのだ。それは記号と、それが表わし示す事柄との相互関係が、自然記号のような因果関係や、高い共起の蓋然性などに支えられているものではなく、ィ人為的社会的な、一種の取り決めに基づく記号である。

［具体例］（具体例として交通信号のことを考えてみよう。現在では世界中どこに行っても、人や車が進んでよいときは青（緑）、停止の合図は赤と決まっている。しかしこの赤色と停止、青色と進行の結びつきは、あらためて言うまでもなく、自然の因果関係でもなければ、人間にとって本能的生理的なものとも言えない。）

何かと理由はあるにしても、結局は人間が社会的な約束事として、人為的に決めたものである。だからゥこのような約束による取り決めを、もし何かの理由で知らなかった人にとっては、赤や青は記号としての意味を持たず、単なる色彩（光）でしかない。この点が［具体例］（煙と火のつながりや、カモメの乱舞を魚群の存在と結びつける自然記号）とはまったく異なるのである。

鈴木孝夫『教養としての言語学』

1 ①煙　②カモメの乱舞

2 交通信号

3 人為的社会的な、一種の取り決め

解説

1 ① 解答 煙

② 解答 カモメの乱舞

傍線部アが含まれる一文と続く文を読むと、傍線部アが示す「自然記号」と「別のタイプの重要な記号」が比べられています。二文目では「記号と、それが表わし示す事柄との相互関係」について述べられており、前者は「自然記号のような因果関係や、高い共起の蓋然性などに支えられているもの」で、後者は「人為的社会的な、一種の取り決めに基づく記号」です。第二段落を見ると、後者について交通信号の色を記号の例として取り上げています。最終段落では、改めて「別のタイプの重要な記号」について述べられていますが、最後の一文で「この点が煙と火のつながりや、カモメの乱舞を魚群の存在と結びつける自然記号とはまったく異なる」とされています。したがって、「煙」と「カモメの乱舞」が、「自然記号」の具体例です。

2 解答 交通信号

傍線部に続く一文は「具体例として交通信号のことを考えてみよう」となっています。したがって、「交通信号」が正解です。

3 解答 人為的社会的な、一種の取り決め

傍線部の前後を読むと、「このような約束による取り決め」とは、第一段落第一文で「別のタイプの重要な記号」とされた記号の成り立ちの基礎になっているものであることがわかります。同様の内容は、第一段落に書かれており、「人為的社会的な、一種の取り決め」が「このような約束による取り決め」に対応しています。したがって、この部分を抜き出します。

体験談

演習の問題
↓本冊P.41

文章の構造

私の場合は、雑誌の連載が終了を迎える経験を多くしています。[体験談]（四〇代半ばの頃、「打ち切り」と言ってよいようなことがあり、その時は「そんなに評価されていなかったのか」と大変ショックを受けました。出版社に文句を言うことこそありませんが、自分の中に憤懣《ふんまん》やるかたない気持ちや、一方で虚しさや力の足りなさへの残念な気持ちを感じたりしました。）しかし不思議なもので、[体験談]（二回目に同じような経験をした時には、「そういうこともあるな」と素直に受け入れることができたのです。）

ネガティブな状況をやり過ごすために、気持ちを慣れさせ過ぎているのではないか。あるいはそのことで、向上心が失われるのではないかと思われるかもしれません。でも、実際にはそうではないのです。

私はその時「雑誌は生き物という通り、そのサイクルに自分は組み込まれていただけなんだ。自分の連載が終わらなければ、新しい人は始められないわけだから、連載打ち切りは、雑誌の生命を保つ方法として自然なものだな」と気がついたのです。[体験談]（それ以降、私は編集者から連載終了を切り出されても、「わかりました！」と笑顔で受け入れられるようになりました。）

そうした[言いたいこと]折り合いのつけ方を一度学ぶと、また何かあったときに「ああ、これもあのときと同じだな」と受け入れられるようになります。逆にそれができなければ、いつまでも過去の成功体験に振り回されて、自分がつらくなるばかりです。

齋藤孝《さいとうたかし》『50歳からの孤独入門』

1 ①最初 四〇代半ば　最後 しました。　②最初 二回目に同　最後 たのです。
③最初 それ以降、　最後 りました。

2 ① 大変ショックを受け　② 素直に受け入れることができた　③ 受け入れられる

解説

1 ① 解答 最初 四〇代半ば　最後 しました。
② 解答 最初 二回目に同　最後 たのです。
③ 解答 最初 それ以降、　最後 りました。

この文章全体において、筆者の主張は現在形で書かれています。対して、体験談を述べている箇所は過去の出来事であることがわかるように書かれています。一つ目は、第一段落第二文からはじまる「四〇代半ばの頃～感じたりしました。」の部分です。二つ目は、それに続く文に含まれる「二回目に同じような～できたのです。」の部分です。「しかし不思議なもので」の部分は体験談ではないので注意しましょう。三つ目は、第三段落最後の文の「それ以降、～なりました。」の部分です。

2 ① 解答 大変ショックを受け
② 解答 素直に受け入れることができた
③ 解答 受け入れられる

1で探した三つの体験談から、どのような示唆が引き出されているかを考えます。一つ目の体験談からは「ショックを受け」たことが書かれています。二つ目の体験談からは連載終了を「素直に受け入れることができた」となっています。三つ目の体験談からは「受け入れられる」ようになったと書かれています。この部分は最終段落で筆者が主張をまとめている中にも書かれています。以上から、解答欄に合わせてこれらを適切に抜き出せば正解になります。

演習の問題
↓本冊P.43

文章の構造

また現在の日本は、一九八〇年代までのようなパイが拡大する社会でもなくなっています。むしろ格差社会と呼ばれるように、延々と経済停滞が続くなかで、（①［隠喩］限られたパイの取りあい）が始まっています。未来は現在の延長でしかありえず、今の日常が限りなく続いていくだけだとしたら、そこで問われるのは「私はどこへ行くのか」ではなく、「私はどこから来たのか」でしょう。

二〇〇九年四月に朝日新聞が一般読者を対象に行《おこ》なったモニター調査では、「タイムマシンがあったらどうするか」という問いに対して、「未来へ行きたい」と答えた人よりも、「過去へ行きたい」と答えた人のほうが、二〇ポイントも多くなっています。未来の自分を構想することに意義を見《み》出《いだ》せないとすれば、（②［直喩］たとえば前世の自分を求めてスピリチュアル・カウンセリングを受ける人たちのように、）あるいは（③［直喩］トラウマ体験の記憶を幼少期に求めて精神分析を受ける人たちのように、）自分の根源を探す旅へと精力を注ぐようになるのも当然の成り行きといえるでしょう。

土井隆義『キャラ化する／される子どもたち―排除型社会における新たな人間像』

1 ①ⓑ　②ⓐ　③ⓐ

2 ⓑ

3 ①「過去へ行きたい」と答えた人　②自分の根源を探す旅へと精力を注ぐ

解説

1

① 解答 ⓑ

「ような」「みたいな」が使われていない比喩なので、隠喩です。

② 解答 ⓐ

「スピリチュアル・カウンセリングを受ける人たちのように」の部分に「ように」が使われているので、直喩です。

③ 解答 ⓐ

「精神分析を受ける人たちのように」の部分に「ように」が使われているので、直喩です。

2 解答 ⓑ

傍線部アに含まれる「パイ」は、**1**から比喩であることがわかります。つまり、ここでの「パイ」は、文字通りの「食べ物の」パイを意味しないことがわかります。そこで、傍線部の前の部分を読むと、「また現在の日本は、一九八〇年代までのようなパイが拡大する社会でもなくなっています」とあり、現在の日本において「パイ」が縮小していることが読みとれます。したがって、「パイ」にたとえられているものが何かを考えると、現在の日本で縮小しており、かつ限られていて、奪い合いの対象となっているものであるとわかります。よって、ⓑが正解です。

3

① 解答 「過去へ行きたい」と答えた人

② 解答 自分の根源を探す旅へと精力を注ぐ

まず、傍線部②・③を含む一文を読むと、「スピリチュアル・カウンセリング」や「精神分析」を「受ける人たち」にたとえられているものが、「自分の根源を探す旅へと精力を注」いでいることがわかります。そして、「自分の根源を探す旅へと精力を注ぐ」ことが「当然の成り行き」であり、その前提として「未来の自分を構想することに意義を見出せない」ことが挙げられています。すなわち、「未来の自分を構想することに意義を見出せない」人たちが、「自分の根源を探す旅へと精力を注ぐ」のであり、その人たちが「スピリチュアル・カウンセリング」や「精神分析」を「受ける人たち」にたとえられていることがわかります。ここで、「未来の自分を構想することに意義を見出せない」人たちが、どのような人たちを指すのかを探すと、傍線部②・③を含む文の直前に、「『過去へ行きたい』と答えた人」とあります。よって、「『過去へ行きたい』と答えた人」が、「スピリチュアル・カウンセリング」や「精神分析」を「受ける人たち」にたとえられていることがわかります。そして、その二つに共通しているのが「自分の根源を探す旅へと精力を注ぐ」という点なので、これが正解です。

演習の問題
↓本冊P.45

文章の構造

渡来人たちが日本の内部で生活を営み、万葉集にも日本語の表現者として数々の和歌を綴《つづ》った時代と、二十世紀末の日本を重ね、奈良のおおらかさを現代の日本のこせこせした都市の中に求めることなど、むろん夢想の領域を出ないであろう。けれども、日本語が千二百年ぶりに、日本人として生まれなかった人たちにとって表現の媒体となりはじめているという事実に、もう一つの「国際化」の可能性をうかがうことは、かならずしも夢想ではないだろう。

主張 その「国際化」は決して日本文化の特殊性を損《そこな》うものではない。なぜなら、根拠 コトバには人種上の拘束はないが、コトバは別の意味で拘束そのものであるからだ。特殊性を喜び、尊重し、そこから学ぼうという決意がなければ、自ら進んでその拘束を受けることはできない。日本語の中に秘蔵されている特殊性が人種から切り離されたとき、そこで生まれてくる 主張 新世界こそ、意外と日本文化の本来の姿であるかも知れない。

リービ英雄『日本語の勝利』

1 ⓒ

2 ⓑ

3 なぜなら、コトバには人種上の拘束はないが、コトバは別の意味で拘束そのものであるからだ。

解説

1 解答 ⓒ

傍線部の直前を見ると、「もう一つの『国際化』」とあり、傍線部はこれを指していることがわかります。そして、その「国際化」は、「日本語が千二百年ぶりに、日本人として生まれなかった人たちにとって表現の媒体となりはじめているという事実」からうかがえる可能性であるので、それが表現されている選択肢を選びます。したがって、「日本語が日本人として生まれなかった人にとっての表現の媒体となったこと。」が正解です。

2 解答 ⓑ

ⓐ・ⓑに関連する内容は、本文中の「その『国際化』は決して」以降にあります。そこから文章を読むと、直後に「なぜなら」という理由の接続表現が見つかります。したがって、ここでは「主張。なぜなら、根拠。」の形で論証が行われていて、筆者の主張が「『国際化』は決して日本文化の特殊性を損うものではない」という部分であることがわかります。すなわち、ここで筆者は「『国際化』は日本文化の特殊性を損うものだ」という一般的な意見を否定し、そのあとに続く部分でさらにくわしく自分の意見を主張しています。したがって、一般的な意見がⓐ、そのあとに続く部分で書かれているⓑが筆者の主張です。

3 解答 なぜなら、コトバには人種上の拘束はないが、コトバは別の意味で拘束そのものであるからだ。

2から、「『国際化』は決して日本文化の特殊性を損うものではない」、むしろ、「『国際化』で生まれてくる新世界こそ、意外と日本文化の本来の姿であるかも知れない」というのが筆者の主張だとわかります。ここで、「主張。なぜなら、根拠。」の形で論証が行われていることに着目すると、「なぜなら」の後に筆者の主張の根拠があることがわかります。したがって、「なぜなら」の直後にある文、「なぜなら、コトバには人種上の拘束はないが、コトバは別の意味で拘束そのものであるからだ」が正解です。

演習の問題 ↓本冊P.47

文章の構造

辞書や文法書（あるいは、そのように実体化される以前の暗黙知）の類いは、言葉を理解する際の大きな手掛かりにはなるだろう。しかし、我々は、そうした手掛かりなしに未知の言葉をその場で解釈しなければならない場合もありうる（たとえば、全く馴染みのない外国に突然放り込まれた場合など）。デイヴィドソンは、その種の解釈を「根元的解釈（radical interpretation）」と呼んでいるが、同時に彼は、「①【主張】（どんな場合であれ他人の話を理解することは根元的解釈を含む）」と指摘している。【理由の接続表現】なぜなら、【根拠】繰り返すように、既知の言葉でもそれが使用されるのは常に新たな文脈においてである以上、その言葉の過去の使用例をそのまま適用することはできないからである。【帰結の接続表現】それゆえ、【主張】（過去の言語使用から帰納的に取り出された規則の体系を学び取ったとしても、②それだけでは言語を習得したことにはならない）のである。

古田徹也『文化に入り行く哲学―デイヴィドソンの言語哲学の限界をめぐって―』

1 ⓒ
2 ⓑ

解説

1 解答 ⓒ

この問題では、傍線部①がなぜそういえるのか、つまり主張である傍線部①の根拠を問われています。傍線部①の後ろの一文は「なぜなら」からはじまっており、これは理由の接続表現です。これにより傍線部の後ろは根拠であるということがわかります。「なぜなら」からはじまるこの一文に、ⓒの「既知の言葉でもそれが使用されるのは常に新たな文脈においてである以上、その言葉の過去の使用例をそのまま適用することはできないから。」という文が含まれています。これより、ⓒが正解です。ⓑは「辞書や文法書があったとしても使い方がわからない」という趣旨の記述は本文にないので正解にはなりません。ⓐは本文にある内容ではありますが、これはデイヴィドソンが「根源的解釈（radical interpretation）」と呼んでいる種の解釈の例で、傍線部①がなぜそういえるかの説明ではないため、正解にはなりません。

2 解答 ⓑ

この問題では、傍線部②がなぜそういえるのか、つまり主張である傍線部②の根拠を問われています。傍線部②を含む一文は「それゆえ」からはじまり、その前の一文は「なぜなら」からはじまっています。「なぜなら」は理由の接続表現であり「それゆえ」は帰結の接続表現です。よって、この二文は「根拠。したがって、主張」の論証の形をとっています。根拠を問われているため「なぜなら」からはじまる一文を見ると、「その言葉の過去の使用例をそのまま適用することはできない」とあります。選択肢ⓐ～ⓒを見ると「過去の言語使用から帰納的に取り出された規則の体系」までは同じで、その後が異なっています。その後の文の内容が「なぜなら」からはじまる一文の内容と一致するものを探すと、ⓑの「過去の言語使用から帰納的に取り出された規則の体系をそのまま使うことはできないから。」が一致します。これより、ⓑが正解です。ⓐの「現実には全く使うことができないから。」や、ⓒの「時代が変わるにつれて変化していくものだから。」は本文に記述がないため、正解にはなりません。

問題提起

演習の問題 ↓本冊P.49

文章の構造

問題提起 市場が地球大となり、経済による政治の「周辺化」が進んだことは何をもたらしているか。答え 何よりもまず、税の徴収が困難となっている。高い収益を上げる企業ほど、所在地を租税回避地に移し、法人税を納めない。これに対し、租税回避地がそうしたサーヴィスを提供しているのは、一種の政治の役割であり、政治に機能があることを逆説的に示している、という議論もある。しかし現実に、企業の租税回避は、早く産業化した諸国の法人税収入に大きな影響を与えているし、それをとどめる手段を、それぞれの国家機構がもっているわけではない。通信技術の発達など、技術的な条件の変化が、市場によるこうした形での政治への攻撃をますます容易にしている。

租税回避をしているのは企業だけではなく、高額所得者の間にもそうした行動は広まり、所得税の徴収に深刻な影響を及ぼしている。皮肉なことに、多額の納税額が見込まれる高額所得者ほど、税を免れる能力をもつことが明らかになった。結局、どこにも移動することができず、雇用不安を抱えながら、国際競争の中でますます低下しつつある賃金に依存する人びとが支払う付加価値税が、主たる財源として残される。

杉田敦《すぎたあつし》『政治の現在と未来』

1 **問題提起** 市場が地球　**答え** 何よりもま

2 ① 税の徴収　② 高い収益を上げる企業　③ 法人税　④ 高額所得者　⑤ 所得税の徴収

解説

1 問題提起 解答 市場が地球
答え 解答 何よりもま
問題提起は疑問文の形でなされることが多いです。この文章の最初に疑問文が登場しており、読者に疑問を投げかけているので、最初の一文が問題提起です。そして「経済による政治の『周辺化』が進んだことは何をもたらしているか」という問題に対して、次の文で、「税の徴収が困難になっている」という答えが述べられています。したがって、次の文が答えです。

2 ① 解答 税の徴収
② 解答 高い収益を上げる企業
③ 解答 法人税
④ 解答 高額所得者
⑤ 解答 所得税の徴収
「市場が地球大となり、経済による政治の『周辺化』が進んだこと」により、困難になっているのは、本文の一行目にあるように「税の徴収」です。また、本文の二行目には「高い収益を上げる企業ほど、所在地を租税回避地に移し、法人税を納めない」とあり、これがそのまま②と③の答えになります。さらに本文の第二段落のはじめには、「租税回避をしているのは企業だけではなく、高額所得者の間にもそうした行動は広まり、所得税の徴収に深刻な影響を及ぼしている」とあり、論旨のまとめの最後の文章と内容が一致しているので、この部分が④と⑤の答えになります。

演習の問題 ↓本冊P.51

文章の構造

引用―根拠
（分析心理学者のC・G・ユングは一九二五年、アフリカに旅し、エルゴン山の住民を訪ね、彼らが毎朝、太陽を拝んでいるのを見る。そこで、昼間に太陽を指さし、あれは神かと尋ねるが、否という答を得る。不思議に思って話し合っているうちに、ユングは彼らにとって「太陽の昇ってくる瞬間が神なのだ」という認識をする。太陽は神か神でないか、という問いがナンセンスなのである。太陽が昇ってくる瞬間、それを見る人が体験すること、そのすべてが神の体験なのである。）

主張
このような考えに従うと、「現実」というものが、それほど単純でないことがわかる。

プロ・スポーツなどはどうであろう。それに関心のない人が見れば、まったくどうということもない。しかし、ファンから見れば選手の一挙手一投足に悲喜こもごもの感情をかきたてられるだろう。その結果次第で一日が明るくなったり暗くなったりする。勝負に賭けている人では、見えるものがまた異なって見えることであろう。一人の選手が万人の「夢」を一瞬に実現してくれる。しかし、それは他の人にとってはまったく無意味ということになる。

河合《かわい》隼雄《はやお》『日本文化のゆくえ』

1 **最初** 分析心理学　**最後** のである。

2 「現実」というものが、それほど単純でない（二十字）

3 ⓐ

解説

1 **解答** 最初 分析心理学　最後 のである。

長い引用は前後の行を空けて書かれますが、短い引用は本文の中に埋め込まれることがあります。いずれにせよ、引用されている人名や書籍の名前などが引用を発見する手掛かりになります。今回の文章では、最初の「分析心理学者のC・G・ユングは」という箇所が、ここから引用がはじまることを示しています。

2 **解答** 「現実」というものが、それほど単純でない（二十字）

引用は四行目まで続き、五行目でそれまでの内容を根拠に筆者の主張が述べられています。したがって主張については、「『現実』というものが、それほど単純でない」が正解です。

3 **解答** ⓐ

六行目以降の部分は、筆者の主張の具体例だと考えられます。そこからは、プロ・スポーツについて、「関心のない人が見れば、まったくどうということもない」が、「ファンから見れば」さまざまな感情をかきたてられるという内容が読み取れます。したがって、この文章における「現実」とは、「見る人の関心によって」、見え方が変化するものであるということができるので、ⓐが正解です。ⓑ「見る人に悲喜こもごもの感情をかきたてるもの」は、関心がない人にとってはそもそも何の感情もかきたてないので、誤りです。ⓒ「見る人にとってはまったく無意味ということになるもの」は、関心がある人にとってはさまざまな感情がかきたてられるものであるので、誤りです。

譲歩

演習の問題 ↓本冊P.53

文章の構造

「書は人なり」「書は文字の美的工夫」「書は文字の美術」「書は線の美」――いずれも、近代に入って「書とは何だろうか」という問いが浮かび上がり、何とかそれを言葉で説明しようとして、たくさんの人が考えぬいたところから生《うま》れてきた説明です。[逆接]しかし、これらの普通に考えられている説は、[譲歩]たしかに書の一面を言いあててはいます[逆接]が、十分なものではありません。おおよそは当《あた》っているとしても、書の美の核心部を射ぬいた言葉ではありません。それでは書はどのような芸術だと考えればよいのでしょうか。

[主張]「書は言葉を書く」ところに生れる表現です。書は文字の「美的工夫」とする説も「線の美」とする説も、ともに「文字」を出発点に措《お》いたところが誤りです。文字は言葉ですから、言葉を出発点に考えるべきです。しかもその言葉を生み出すのは書き言葉においては「書く」という行為ですから、「書く」というところ（現場）から考えるべきでもあります。まさに「書」とは「書」、「書く」ことにほかなりません。書家とは、一般に考えられているような書道家の別名ではなく、文字通り、書く人、「物書き」の別名であると考える時、書というものの本当の姿に出会えるように思われます。

石川九陽『書に通ず』

1 最初 しかし、こ　最後 りません。

2 ⓑ

3 「物書き」

解説

1 最初 **解答** しかし、こ

最後 **解答** りません。

譲歩のマーカーを探すと、三行目に「たしかに」が見つかります。さらに確認として、その後に「逆接」があるかどうかを探します。ここでは、「言いあててはいますが」の「が」が逆接の接続助詞として使われています。したがって、「たしかに」と「が」を含む一文である「しかし、これらの普通に考えられている説は、たしかに書の一面を言いあててはいますが、十分なものではありません」の最初と最後の五字が正解です。

2 **解答** ⓑ

第一段落冒頭で、「書は人なり」「書は文字の美的工夫」「書は文字の美術」「書は線の美」という四つの説が紹介されていますが、「これらの普通に考えられている説」は**1**の解答である譲歩の部分で否定されています。さらに、第二段落の冒頭には「『書は言葉を書く』ところに生れる表現です」とあり、「まさに『書』とは『書』、『書く』ことにほかなりません」とあることから、「書」においては「書く」ことが重要であることが読み取れます。ⓐは「書は文字の美的工夫」と、ⓒは「書は人なり」と同様の内容であると推測できます。したがって、書くことそのものを重要視しているⓑの「書き言葉において書く芸術」が正解です。

3 **解答** 「物書き」

問題文の「『書』という芸術を行う人」を指す表現を本文中で探すと、第二段落の最後の文に「書家」が見つかります。「書家」についての説明に注目すると、「書道家の別名ではなく」「書く人、『物書き』の別名であると考える」とあります。また、「書家」が「物書き」であるとき、「書というものの本当の姿に出会える」と述べられていることから、筆者が「物書き」を肯定的にとらえていることがわかります。したがって、「『物書き』」が正解です。

心情の基本（単純な心情）

演習の問題
↓本冊P.55

文章の構造

三鷹《みたか》の家主から返事が来た。読んで、①がっかりした。雨が降りつづいて壁が乾かず、また人手も不足で、完成までには、もう十日くらいかかる見込み、というのであった。うんざりした。ポチから逃れるためだけでも、早く、引越してしまいたかったのだ。私は、へんな焦躁感《しょうそう》で、仕事も手につかず、雑誌を読んだり、酒を呑《の》んだりした。ポチの皮膚病は一日一日ひどくなっていって、私の皮膚も、なんだか、しきりに痒《かゆ》くなって来た。深夜、戸外でポチが、ばたばたばたばた痒さに身悶《みもだ》えしている物音に、幾度ぞっとさせられたかわからない。たまらない気がした。いっそ、ひと思いにと、狂暴な発作に駆られることも、しばしばあった。家主からは、更に二十日待て、と手紙が来て、私のごちゃごちゃの忿懣《ふんまん》が、たちまち手近のポチに結びついて、こいつあるがために、このように諸事円滑にすすまないのだ、と何もかも悪いことは皆、ポチのせいみたいに考えられ、奇妙にポチを呪咀《じゅそ》し、ある夜、私の寝巻に犬の蚤《のみ》が伝播《でんぱ》されてあることを発見するに及んで、②ついにそれまで堪えに堪えてきた怒りが爆発し、私は、ひそかに重大の決意をした。

太宰治《だざいおさむ》『畜犬談』

1 ⓐ
2 ⓒ

解説

1 **解答** ⓐ

「がっかりした」という「心情」の「原因」となった出来事を解答します。傍線部①の一文は「読んで、がっかりした。」です。読んだものは「三鷹の家主から返事がきた」もので、内容はその直後から「家の完成が十日ほどかかるために引っ越しができない」というものです。これに当てはまる選択肢はⓐです。ⓑもⓒも「がっかりした」後の出来事なので、時系列を考えれば正解にはなりません。

2 **解答** ⓒ

傍線部②は「心情」と「結果」を表しています。「心情」が「怒り」なのは明らかですが、傍線部だけでは何に対してなぜ怒っているかはわからないので、「原因」をとらえることで「心情」をより詳しく理解する必要があります。「原因」を確認するために、傍線部②の直前を読むと、「ある夜、私の寝巻に犬の蚤が伝播されてあることを発見するに及んで、」とあります。したがって「原因」は「犬の蚤が伝播されてあることを発見する」です。蚤は哺乳類などの体表に棲《す》み、吸血する昆虫で、蚤に血を吸われるとその箇所がかゆくなります。主人公は「何もかも悪いことは皆、ポチのせいみたいに考えられ」ていましたが、それに加えて蚤を発見したことが「原因」となり傍線部②の「怒りが爆発した」という「感情」になったのです。したがって、「原因」である「犬の蚤が伝播されてあることを発見する」と「心情」である「怒りが爆発し」たがともに含まれているⓒが正解です。

心情の応用①（心情の変化）

演習の問題 ↓本冊P.57

文章の構造

結局福島行きのことは真人には告げず、のゆりは電話を切った。席まで帰る途中に、また父子《おやこ》連れを見やった。男の子は、おむすびを食べているところだった。そろえた膝の上におもちゃの新幹線をのせ、アルミホイルに包まれた大きな海苔《のり》むすびを、両手でホイルごとしっかりつかんでいる。閉じた口もとが上下にこきざみに動く。顎には、ご飯粒がひとつぶ、くっついている。

父親の方と目が合ったので、のゆりは軽く会釈した。父親が会釈を返すと、男の子ものゆりに気づき、父を真似《まね》て頭を下げる。「おいしそうだね」（変化の原因）のゆりが声をかけると、（変化の原因）①（心情A）男の子は恥ずかしそうにうつむいた。それからすっと顔を上げ、「おいしいねん」と、はきはき答えた。

東京駅で、東北新幹線のホームに上がったとたんに、②（心情B）のゆりは心ぼそくなった。

山陽新幹線と東北新幹線って、同じ新幹線なのに、ずいぶん感じが違う。のゆりは思う。東北新幹線のホームには、たくさんの人がいた。混みあっていて、人の動きも活発なのに、雲がかかって日の差しかたがにぶくなってしまったような感じを、のゆりはこのホームに来ると、つい受けてしまうのだった。

川上弘美《かわかみひろみ》『風花』

1 ⓑ
2 ⓐ

解説

1 解答 ⓑ

傍線部を含む一文を確認すると、のゆりが声をかけたことが原因で、男の子は「恥ずかしそうにうつむいた」ということがわかります。この因果関係がしっかりと現れている選択肢はⓑしかないので、ⓑが正解です。

ⓐは「女性なれしていなかった」が本文に書かれていないため誤りです。ⓒは心情の変化の原因である「のゆりが声をかける」という要素が含まれていないため、誤りです。

2 解答 ⓐ

傍線部を確認すると、「〜（に）なった」という変化を表す表現が使われています。続いて傍線部を含む一文を確認すると、傍線部の直前に「東北新幹線のホームに上がったとたんに」と、感情の変化の原因が書かれています。「ホームに上がる→心細くなる」という因果関係が表れている選択肢はⓐしかないので、ⓐが正解です。ⓑは「一人ではないと安心した」が誤りです。本文に記述があるのは「心細くなった」という心情だけです。ⓒも「心温まる気持ち」が誤りです。

心情の応用②（結合原因の心情）

演習の問題 ↓本冊P.59

文章の構造

「あのさ、考えたんだけど、君、日本に帰る気はないか」

「なぜ」

「なぜって、まあ随分ながくこちらに居たじゃないか。もう充分だろう」

[原因A]「まだ、やりたいことをやりかけだわ。先生だってこれからだと言ってくださるんだもの」

「誰だ、その先生ってのは」

「レーベジェフさんよ。昨日、話したじゃない」①[心情]妹は今度は怒ったように言った。[原因B]「マリニイ座で先月も出た一流の俳優よ。日本人で彼に教えて頂いているのは私一人よ」
②私は思わず、自分たちの周囲をもう一度みまわした。相変わらず異様な髪の形をした女や、肋骨のような外套《がいとう》を着た男たちが幾十人もキャフェのなかを右往左往していた。[心情]これらは屑《くず》だ。[原因A]どれもこれも巴里《パリ》のなかで自分だけは才能があると思い、沈んでいく連中だ。[原因B]妹も今、この異国の都会でその一人になろうとしている。

遠藤周作『肉親再会』

1 ⓒ
2 ⓑ

解説

1 **解答** ⓒ

傍線部の前後の文脈を確認すると、妹が怒ったのは直前の兄の発言が理由であることがわかります。しかし、「先生の名前を忘れられたから怒った」という構造には少し飛躍があります。したがって、特殊事情をとらえます。そうすると傍線部の直後で妹が先生の説明をしており、「一流の先生に教えてもらっているということを根拠に兄を説得しようとしたが、わかってもらえず怒った」という構造になっていることがわかります。この要素を十分に含んでいる選択肢はⓒしかないため、ⓒが正解です。ⓐは「図星を突かれて」という表現が本文から読み取れないので誤りです。ⓑは原因Bの特殊事情である先生の説明に触れていないため、誤りです。

2 **解答** ⓑ

傍線部の主語を確認すると、「私」が主語になっています。しかし直前までは妹の発言・心情描写になっているので、「私」の心情の根拠は傍線部の後ろから探さなければならないことがわかります。そうすると本文八～九行目、キャフェの中で目にした連中を「私」は「これらは屑だ。どれもこれも巴里のなかで自分だけは才能があると思い、沈んでいく連中だ」と評価しています。こちらが原因Aの出来事です。しかし、「これらは屑だ」という心情が原因だとすると、妹の発言の直後に「周囲をみまわした」という行動をとることとの間には飛躍があります。その飛躍を埋めるため、特殊事情である原因Bを探します。そうすると本文九行目～最終行にかけて、「妹も今、この異国の都会でその一人になろうとしている」とあり、異国の地の「屑」に妹の姿が重なって感じられたという一連の心情描写を読み取ることができます。この二つの要素を含んでいる選択肢はⓑです。ⓐは「突然怒りを露わにした妹の姿は芸術に行き詰まった焦りの結果であり」が本文の「私」の心情描写から読み取れないため、誤りです。

心情の応用③（心情の交錯）

演習の問題 ↓本冊P.61

文章の構造

ただ、現実あるいは夢が彼のつくりごと以上であったことは、〔原因A〕意外にも、その石膏《せっこう》の女の顔が、彼の死んだ母の顔にそっくりであったことだ。何物かそれを彼の母であると彼に固く信じさせたものがあった。そのため、彼は彼の心の恐怖をおもてに現すまいと一生懸命に努力した。——その瞬間、彼の母の顔はやさしく微笑《ほほえ》んだように見えた。それから彼女は急に彼の上にのしかかるようにしながら、彼の唇の上にそっと接吻《せっぷん》をした。〔原因B〕彼はその接吻が気味わるくひやりとするだろうと思っていた〔逆接〕のに、その唇はまるで生きているように温かかった。——次の瞬間、彼は〔心情B〕愛情と〔心情A〕恐怖とのへんな具合に混ざり合った、世にもふしぎな恍惚《こうこつ》を感じだしていた。

堀辰雄《ほりたつお》『鼠《ねずみ》』

1 心情① 愛情　心情② 恐怖

2 ⓑ

解説

1 心情① 解答 愛情
心情② 解答 恐怖
「愛情」も「恐怖」も心情を表す表現なので、この二つが正解です。

2 解答 ⓑ
傍線部を含む一文を確認すると、「愛情と恐怖とのへんな具合に混ざり合った」という表現から、心情の交錯であることがわかります。続いて「愛情」と「恐怖」のそれぞれの原因を求めます。先に「恐怖」から見ていきます。傍線部以外に「恐怖」という表現が書かれている箇所を探すと、本文二行目に見つかります。この一文に注目すると、「恐怖」という表現が「そのため」という順接の接続詞で結ばれていることがわかります。「原因」そのため「恐怖」という構造になっており、「そのため」の直前の内容が原因ということになります。続いて「愛情」の原因を見ていきます。それ以降本文四行目まで「愛情」につながる表現は出てきませんが、四行目に「彼はその接吻が気味わるくひやりとするだろうと思っていたのに、その唇はまるで生きているように温かかった」が見つかります。ここでは逆接の接続助詞「のに」で前後の文が結ばれ、「温かかった」というプラスの表現が書かれています。これが傍線部で「愛情」と言い換えられていると考えられます。以上の構造を十分にとらえている選択肢はⓑしかないため、ⓑが正解です。ⓐは「石膏の女と唇をかさねるという奇妙な体験の中で恐怖を感じ」が誤りです。「恐怖」の原因は本文二行目「そのため」よりも前です。ⓒは「恐怖感は消えさり」が誤りです。傍線部には「愛情と恐怖とのへんな具合に混ざり合った」とあり、消えさってはいません。

否定②

演習の問題
↓本冊P.63

文章の構造

さらに、人格を形成していくための重要な場所として、かつては技術の修得が今日よりもはるかに重い手応えを持っていました。現在も技術の修得が人間を作っていることは事実ですが、しかし、これもまた、残念ながらその重さの点で戦線を縮小しつつあるといわなければなりません。たとえば、昔は大工さんになるためには一生の努力を必要とするといわれたもので、私のうちへ時たま来てくれる大工さんは三十年のベテランですが、そういう人が、「大工というものは一生修行ですよ」と今でもいっています。しかし、その後で彼は頭をかいて、「今どきこんなことといっていると、時代からとり残されますがね」とつけたすのです。

というのは、現代では技術そのものが①現実体験ではなくて、②情報化された一種の知識の組み合わせになっていて、その分だけたいへん修得しやすいかたちに変わっているからです。早い話が、板というもの一枚を取り上げても、昔の板は③人間が鉋《かんな》を握って、その鉋を動かす自分の腕を通して体験する本当のものでありました。しかし、現在の板はほとんどが④合成樹脂で、鉋や手は必要ではなく、いわば、人間の目さえあればそれで用のすむ存在になりつつあります。一枚の板がものであることをやめて、しだいに⑤板のイメージ、すなわち⑥一種の情報になりつつあるわけです。

山崎正和『混沌からの表現』

1
① ⓐ
② ⓑ
③ ⓐ
④ ⓑ
⑤ ⓑ
⑥ ⓑ

2
ⓐ

解説

1 ① 解答 ⓐ

「現代では〜ではなくて」という部分では、現代における技術が「現実体験」であることが否定されています。つまり、「現実体験」は「かつての技術」に関わるものに分類されていることが読み取れます。

② 解答 ⓑ

直前に「〜ではなくて」という否定を表す語句があることから、「かつての技術」に関わる①とは異なるもの、つまり「現在の技術」に関わるものに分類されます。

③ 解答 ⓐ

直前に「昔の板は」とあり、「かつての技術」を説明しようとする語ではじまる文の一部であることから、「かつての技術」に関わるものに分類されます。

④ 解答 ⓑ

直前に「しかし、現在の板は」と書かれており、前の文と反対の内容を示す表現のため、「現在の技術」に関わるものに分類されます。

⑤ 解答 ⓑ

傍線部を含む文の文頭に「一枚の板がものであることをやめて」とあり、「かつての技術」に関わるものを否定的に表現しているので、その直後に続く「板のイメージ」は「現在の技術」に関わるものに分類されます。

⑥ 解答 ⓑ

直前の「すなわち」に着目すると、傍線部⑤の言い換えであることがわかるので、「現在の技術」に関わるものに分類されます。

2 解答 ⓐ

本文の一文目に「人格を形成していくための重要な場所として、かつては技術の修得が今日よりもはるかに重い手応えを持っていました」とあり、その例として三文目に、「大工というものは一生修行」であるという「大工さん」の言葉が書かれています。よって、ⓐが正解です。

Chapter 5
24講

具体と抽象①

演習の問題 ↓本冊P.65

文章の構造

抽象《》情報の理論を基礎として展開する文章よりも、状況展開を盛り込み、感情で織りあげる文章のほうが余情を喚起しやすい、ということは常識でわかる。が、ストーリーを追及する文章には余情を感じにくい、という指摘は注目される。心理面が描かれるときに余情を感じやすいのは当然だが、心理を心理として述べるよりも、その場の情景をとおしてなにげなく伝わってくるような書き方が有効だという指摘もある。

具体例（話題という点では、読者にとって身近なことが描かれているほうが、自分の体験をよびこみやすいので、余情をかもしだす土壌が形成される。小説などの場合で言うと、そういえばそんな経験が自分にもあった、と読者に思わせる文章、幼児体験を喚起する文章は、一般に余情を発生させやすい。

人間を描いた文章よりも、秋、森の夕暮れ、夜の静けさなどを描いた美しい風景画のような文章に余情を感じることが多いというのも、それによって思い出がよみがえるからだろう。）

中村明『文体トレーニング』

1 ⓑ

2 ① その場の情景をとおしてなにげなく伝わってくるような書き方

② ⓒ

解説

1 解答 ⓑ

「余情を喚起しやすい」は傍線部を含む一文の述部です。この主部は、「状況展開を盛り込み、感情で織りあげる文章のほう」です。これは選択肢ⓑと一致するので、ⓑが正解です。

2 ① 解答 その場の情景をとおしてなにげなく伝わってくるような書き方

「余情を喚起しやすい」文章は、傍線部の主部である「状況展開を盛り込み、感情で織りあげる文章のほう」です。「状況展開を盛り込み、感情で織りあげる文章のほう」は抽象度の高い「大きな話題」で、それ以降の文章で具体性の高い「小さい話題」として、「余情を喚起しやすい」文章の特徴が説明されています。三文目では、「心理面が描かれるとき」と「その場の情景をとおしてなにげなく伝わってくるような書き方」の二つの書き方が「余情を喚起しやすい」とされています。しかし、後者は「心理を心理として述べるよりも、」という語句で修飾されているため、後者の方がより一層「余情を喚起しやすい」ことがわかります。したがって、「その場の情景をとおしてなにげなく伝わってくるような書き方」の方が適当であり、これが正解です。

② 解答 ⓒ

余情を感じる文章の具体例として、第二段落で「読者にとって身近なことが描かれているほう」、第三段落で「幼児体験を喚起する文章」、第四段落で「人間を描いた文章よりも、（中略）美しい風景画のような文章」が挙げられています。ⓐ「読者にとって身近なことを描いたもの」は第二段落で、ⓑ「幼児体験を喚起する状況を描いたもの」は第三段落で肯定されていますが、ⓒ「人間を描いたもの」は第四段落で否定されているので、ⓒが正解です。

演習の問題
⬇本冊P.67

文章の構造

今でこそ、当たり前になっているが、明治になって日本に輸入された様々な概念の中でも、［主張］①「個人individual」というのは、最初、特によくわからないものだった。その理由は、日本が近代化に遅れていたから、というより、［根拠］この概念の発想自体が、西洋文化に独特のものだったからである。

ここでは二つのことだけを押さえておいてもらいたい。

一つは、［根拠①］一神教であるキリスト教の信仰である。「誰も、二人の主人に仕えることは出来ない」というのがイエスの教えだった。人間には、幾つもの顔があってはならない。常にただ一つの「本当の自分」で、一なる神を信仰していなければならない。だからこそ、②元々は「分けられない」という意味しかなかったindividualという言葉に、「個人」という意味が生じることとなる。

もう一つは、［根拠②］論理学である。椅子と机があるのを思い浮かべてもらいたい。それらは、それぞれ椅子と机とに分けられる。しかし、机は机で、もうそれ以上は分けられず、椅子は椅子で分けられない。つまり、この分けられない最小単位こそが「個体」だというのが、分析好きな西洋人の基本的な考え方である。

平野啓一郎『私とは何か「個人」から「分人」へ』

1 ⓑ
2 ⓒ

解説

1 解答 ⓑ

傍線部①の直後を見ると、「その理由は」という、理由を表す言葉があります。これを含む一文には、「日本が近代化に遅れていたから、というより、この概念の発想自体が、西洋文化に独特のものだったからである」とあります。ここでは、「日本が近代化に遅れていたから」という理由が否定され、「この概念の発想自体が、西洋文化に独特のものだったから」という理由が示されています。したがって、傍線部の理由となっているのは、ⓑであることがわかります。

2 解答 ⓒ

傍線部②の直前を見ると、「だからこそ」という、順接の接続表現があります。したがって、傍線部②の理由は、その直前部分にあることがわかります。直前部分を見ると、「一つは、一神教であるキリスト教の信仰である。『誰も、二人の主人に仕えることは出来ない』というのがイエスの教えだった。人間には、幾つもの顔があってはならない。常にただ一つの『本当の自分』で、一なる神を信仰していなければならない」とあり、ⓐが理由の一つであることがわかります。しかし、冒頭で「一つは」とあるので、傍線部②の理由となるもう一つの部分を探します。すると、傍線部②の直後に「もう一つは」という言葉が見つかります。これ以降の部分を読むと、椅子と机を例に、「この分けられない最小単位こそが『個体』だ」という「西洋人の基本的な考え方」が示されています。したがって、ⓑが傍線部②のもう一つの理由であり、ⓒは誤りだとわかります。

条件法①

演習の問題
↓本冊P.69

文章の構造

科学者は、常に①「世界初」を目標としている。いかに狭い分野でいかに小さなテーマであっても、誰もが手をつけていない限り、その結果は「世界初」なのである。それは麻薬と似ていて、②一回でも「世界初」を味わうと止められなくなる。そして、それが社会的にどんな影響を及ぼすかについてはほとんど気にせず、問題の解決に邁進する。社会への影響などを考えていたら「世界初」は逃げてしまうと思うからだ。マンハッタン計画の場合、世界最初の核分裂反応の連鎖反応を実現するとあれば、それがいかなる厄災を及ぼすかについていっさい考えず、ひたすら成功に向けて努力した。「世界初」は止められないのだ。私は以前に、科学者は鍵が無くなった箱を開けようとする錠前屋に似ていると書いたことがある。錠前屋は、鍵を開けることに挑戦し始めると、その箱から何が飛び出すか気にせず、ただひたすら箱を開けることのみに熱中する。そこから怪物や悪疫が飛び出して来ても、「最後には希望が残っている」と言い、「私がやらなくても、いずれ誰かがやるのだから」と居直るのである。

池内了《いけうちさとる》『科学と人間の不協和音』

1 誰もが手をつけていないこと

2 最初 マンハッタ　最後 努力した。

3 ① 錠前屋

② 最初 錠前屋は、　最後 熱中する。

解説

1 解答 誰もが手をつけていないこと

傍線部①の次の文に、「いかに狭い分野でいかに小さなテーマであっても、誰もが手をつけていない限り、その結果は『世界初』なのである」とあります。この「限り」という表現が、条件を表す表現です。したがって、「世界初」であるための条件は「誰もが手をつけていないこと」になります。

2 最初 解答 マンハッタ
最後 解答 努力した。

傍線部②の後に続く部分を読み進めると、「マンハッタン計画の場合、世界最初の核分裂反応の連鎖反応を実現するとあれば、それがいかなる厄災を及ぼすかについていっさい考えず、ひたすら成功に向けて努力した」とあります。「〜の場合」という表現から具体例を示していることがわかります。

3 ① 解答 錠前屋

五行目に「私は以前に、科学者は鍵が無くなった箱を開けようとする錠前屋に似ていると書いたことがある」とあります。はっきりと「科学者」は「錠前屋に似ている」と書かれているため、「錠前屋」が正解です。

② 最初 解答 錠前屋は、
最後 解答 熱中する。

六行目からは、「錠前屋」をどのような例として挙げているのかをより詳しく説明するために、「錠前屋」の特徴を説明しています。「錠前屋」は「箱を開けることのみに熱中する」もので、それは『世界初』を目標としている」「科学者」に似ています。したがって、「錠前屋は、鍵を開けることに挑戦し始めると、その箱から何が飛び出すか気にせず、ただひたすら箱を開けることのみに熱中する。」という一文の最初と最後の五字が正解です。

差異①

演習の問題 ↓本冊P・71

文章の構造

しかしふたたび常識に返れば、恋愛と友情は明らかに違うのであって、そこに一線を画するものは第三者を容《い》れうるかどうかの区別だといえる。二人の人間関係に第三者がはいりこんできたとき、それに嫉妬を感じるかどうか、また嫉妬を抱くことに正当性を感じるかどうかという違いである。とくに指標として重要なのは後者の正当性の道徳感情であって、人は嫉妬を抱いてよい場合と悪い場合を、自然な感情によってかなり明快に区別している。（A恋愛は二人の人間の関係を閉鎖的なものにする）が、（B友情は原則的に、つねにより広い交友関係に向かって開かれている）。当然、人がその感情に没入して陶酔する度合いからいっても、友情は恋愛に比べて淡泊で抑制されたものになるはずである。

山崎正和『社交する人間　ホモ・ソシアビリス』

1 ⓒ

2 ① ⓐ　② ⓐ　③ ⓑ　④ ⓐ　⑤ ⓑ

解説

1 **解答** ⓒ

傍線部直後に「そこに一線を画するものは」とあり、それ以降の部分で「恋愛」と「友情」の違いを述べています。第二文の「二人の人間関係に第三者がはいりこんできたとき、それに嫉妬を感じるかどうか、また嫉妬を抱くことに正当性を感じるかどうかという違いである」と第四文の「恋愛は二人の人間の関係を閉鎖的なものにするが、友情は原則的に、つねにより広い交友関係に向かって開かれている」から、恋愛では第三者に嫉妬を感じ、それが正当化されるのに対し、友情ではそうではないことが読み取れます。三つの選択肢の中で筆者の「恋愛と友情の違い」に関する主張を正しくまとめているのは、ⓒで、これが正解です。ⓐとⓑはともに友情の方で嫉妬が正当化されるように書かれているので誤りです。

2 **解答** ①ⓐ　②ⓐ　③ⓑ　④ⓐ　⑤ⓑ

1で確認したように、嫉妬を正当化するのは恋愛なので、①はⓐが正解です。他のそれぞれの語句について本文中で説明されている該当箇所は、次のようになります。

②「恋愛は二人の人間の関係を閉鎖的なものにする」

③「友情は原則的に、つねにより広い交友関係に向かって開かれている」

④「感情に没入して陶酔する度合いからいっても、友情は恋愛に比べて淡泊で抑制されたもの」

⑤「感情に没入して陶酔する度合いからいっても、友情は恋愛に比べて淡泊で抑制されたもの」

類似①

演習の問題
↓本冊P.73

文章の構造

ロンドン大学のゴンブリッチ教授は、エジプト人たちのいわゆる「様式化された」人体表現に触れて、エジプト人たちが、正面像と側面像の奇妙に入りまじったあの不思議な人体を描いたのは、眼《め》に見える姿を「様式化」したのではなく、最初からそのように「見えた」のだと述べているが、もしそうだとすれば、それはまさしくあの中国の皇帝の場合と同じことになる。中国の皇帝が正面像でしか人間の顔を知覚することができなかったように、エジプト人たちは、あの奇妙な複合像によってでなければ、人体を ① のである。

事実、エジプトの壁画や浮彫りに登場する人物像はほとんど例外なしに、ひとつの「型」にはまっている。それは、顔は中国の皇帝なら文句を言いそうなプロフィル表現であるがただ眼だけは、正面から見た時のようなはたん杏形を見せている。同様に身体も、上半身は正面像で、下半身は ② である。このようなことは、むろん現実の世界においてはあり得ない。すくなくとも、ある瞬間における人体の視覚像は、当然正面なら正面、側面なら側面というひとつの方向に統一されているはずであり、その両者が混在するということはあり得ないはずである。

高階《たかしな》秀爾《しゅうじ》『芸術空間の系譜』

1 ⓑ
2 ⓐ
3 ⓑ

解説

1 解答 ⓑ

空欄①を含む一文「中国の皇帝が正面像でしか人間の顔を知覚することができなかった」の後に「ように」という言葉が続き、エジプト人たちの話が出てくるので、中国の皇帝とエジプト人たちは類似していることがわかります。「ように」の前後を見比べると、これらは類似の関係にあるので、中国の皇帝は正面像でしか知覚できない、に対応して、エジプト人たちは奇妙な複合像によってでしか人体を知覚できない、という内容が書かれていると考えられます。これより、空欄①には「知覚できない」に似た内容の文が入るので、ⓑが正解です。

2 解答 ⓐ

空欄②を含む一文は「同様に」からはじまっています。これより、前の一文と、空欄②を含む一文は類似の関係にあることがわかります。前の一文を見ると、顔は「プロフィル表現である」が「ただ眼だけは、(…)はたん杏形を見せている」という内容です。空欄②はこの後ろの「上半身は正面像で、下半身は」に続きます。前の一文と後ろの一文が類似しているということをふまえて、顔と目の表現が一致していないという点に着目すると、身体も、上半身と下半身の表現が一致していない、と考えることができます。ⓑの「正面像」だと、表現が一致してしまうため正解にはなりません。残るのはⓐとⓒですが、本文の最後の一文に、「人体の視覚像」において、正面と側面が「混在するということはあり得ない」という内容が書かれています。これはその直前の「現実の世界においてはあり得ない」の説明で、この「あり得ないこと」が成立しているのがエジプトの人物像なので、ⓐが正解です。

3 解答 ⓑ

第一段落では、エジプト人たちは「眼に見える姿」を「様式化」したのではなく、「最初からそのように『見えた』」のであり、それは「中国の皇帝の場合と同じ」だと述べられています。第二段落の冒頭では、「エジプトの壁画や浮彫りに登場する人物像はほとんど例外なしに、ひとつの「型」にはまっている」とエジプトの人体表現がさらに詳しく説明されていますが、第一段落の内容を踏まえれば、ひとつの「型」にはまっているのは中国の皇帝も同じだと考えられます。これより、ⓑが正解です。ⓐはエジプト人のみにあてはまり、ⓒはエジプト人と中国の皇帝のどちらにもあてはまりません。

並列・選択①

演習の問題
↓本冊P.75

文章の構造

脳死は、臓器医学的である。そして臓器医学の出発点は「科学的」であると言ってよい。しかし、脳死といえども、つまり、脳の死といえども、脳の純粋に物質的な過程において、物質過程自体としてどこかに不可逆的な質的変化が自存するわけではない。それはどこを取っても、つねに自然な物質的変化過程である。それゆえ、われわれは、脳死を、さらに確実にするためには、脳の物質過程に関して、より詳細で、細部のミクロ構造における変化を見出《みいだ》すべきだと考えているが、それがどこまで明らかになったとしても、それで自ら、死の分岐点が明らかになるわけではない。あくまでも、脳の死を、死として判断する、言いかえれば、ある過程のうえに、一つの「質的変化」を見るのは人為の業である。[並列]しかも、それはむしろ、巨視的[並列]かつ機能的な変化（例えば自発呼吸の非発生）が先行するのであって、それに対応する微視的過程のどこかに、人為が分岐点を置くことによって初めて、脳の死が成立すると言わなくてはならない。

村上陽一郎『生と死への眼差《まなざ》し』

1 しかも・かつ（順不同）

2 ① 巨視的かつ機能的な変化　② 微視的過程　③ 人為

3 ⓑ

解説

1 解答 しかも・かつ

「しかも」「かつ」は並列の接続表現です。

2 ① 解答 巨視的かつ機能的な変化

② 解答 微視的過程

③ 解答 人為

この文章は脳死の概念を論じています。前半では、「脳死といえども」、脳は「自然な物質的変化過程」を遂げているだけで、どれだけその変化過程を詳しく明らかにしても、「死の分岐点が明らかになるわけではない」と述べています。それを踏まえ、「脳死」を成立させるのは、脳という「物質」ではなく、あくまでも「人為」すなわち人間の行いである、と説明しているのが、本文の後ろから二文目です。そして最後の一文で、「脳の死」を人間はどう「成立」させるのかが述べられているので、この一文から空欄にあてはまる語句を抜き出せば正解になります。

3 解答 ⓑ

「脳の死」は「人為が分岐点を置くことによって初めて、脳の死が成立すると言わなくてはならない」と、最後の一文に書かれています。これが筆者の主張なので、人が判断したという内容が入っていない選択肢は、正解にはなりません。したがって、正解はⓑです。選択肢ⓐとⓒは「脳機能と心肺が停止状態になった」「目覚めることがない状態になっている」という部分が単なる事実なのか、誰かによる判断なのかわからないので誤りです。

矛盾・逆説①

演習の問題
↓本冊P.77

文章の構造

まず、「自由」にかんしていうと、たとえば英語では、freedomとlibertyが区別されているのですが、日本語ではその区別がありません。そのために、内面的自由というようなものと混同されます。したがって、特に、われわれはその違いに注意する必要があります。「リバティー」というのは、他人の恣意的な意志に拘束されないという意味です。もっと具体的にいえば、それは権力、特に国家権力の制限を意味します。ここでいう「自由」とは、たんにそういう意味です。

しかし、「たんに」といっても、それを軽視することはできません。たとえば、宗教的・哲学的な人たちは、自由の問題をもっと深く考えようとする傾向があります。サルトルは（ナチ・ドイツの）占領下においてわれわれは自由だった、と書いています。それは、占領下において、抵抗するにせよしないにせよ、たえず個人が実存的に選択せざるをえない状況にあったという意味です。しかし、そのようにいえば、普通の意味でまったく自由がない状況においてこそ、人間は自由であるということになります。日本では、第二次大戦において戦争で死ぬ運命にあった人々が、そのような運命に能動的に従うことにこそ自由があるという論理も説かれたのです。

柄谷行人『〈戦前の思考〉』

1 ⓒ

2 ① 最初 占領下にお　最後 自由だった（十七字）

② 最初 第二次大戦　最後 自由がある（四十八字）

解説

1 解答 ⓒ

傍線部「普通の意味でまったく自由がない状況においてこそ、人間は自由である」は、相反する二つの物事であるため、一見矛盾しているように見えます。ですが、これは「逆説」のフレームワーク「Aであり、かつ、B。」の形です。矛盾の場合、傍線部の内容は間違っているということになるのですが、逆説の場合この内容は合っていることになります。本文において、傍線部の内容は合っているので、ⓒ「逆説」が正解です。

2

① 最初 解答 占領下にお　最後 解答 自由だった

② 最初 解答 第二次大戦　最後 解答 自由がある

傍線部の具体的状況を表す部分を探さなくてはならないので、傍線部と同じ形の文章で、具体的状況を述べている部分を抜き出します。傍線部は「逆説」のフレームワーク「Aであり、かつ、B。」の形であり、また傍線部より、Aには「普通の意味で自由がない状況」が、Bには「自由である」という言葉に似た意味が入ることになります。これにあてはまる部分を本文中から探します。一段落目は「自由」の意味を定義しています。二段落目では、しかし「自由の問題をもっと深く考えようと」しています。今回は具体的な状況、つまり具体例を探したいので、二段落目から探すと「サルトルは（ナチ・ドイツの）占領下においてわれわれは自由だった、と書いています」と「日本では、第二次大戦において戦争で死ぬ運命にあった人々が、そのような運命に能動的に従うことにこそ自由があるというような論理も説かれたのです」という二つの文が見つけられます。この二文のいずれも、「ナチ・ドイツの占領下」、「戦争で死ぬ運命にあった人々」と、普通の意味でまったく自由がない状況の人々に「自由」があったという趣旨です。両方の文は、「逆説」のフレームワークに該当するので、この二箇所に正解が含まれます。今回は状況のみを抜き出せと問われているので「サルトルは」「書いています」「というような論理も説かれた」は入れるべきではありません。これより、「占領下においてわれわれは自由だった」（十七字）と「第二次大戦において戦争で死ぬ運命にあった人々が、そのような運命に能動的に従うことにこそ自由がある」（四十八字）の最初と最後の五字が正解になります。

文章の構造

浪費社会に対して、「清貧の社会」という対極的な社会の構想がある。［X］を第一義とする社会である。（物質における満足を求めるの）ではなく、精神の自由な飛翔を得ることこそを至上とする社会とも言える。私はそのような社会を希求しているのだが、それは不可能なのだろうか。そして、そのような科学は発展の芽を摘まれるのであろうか。

確かに、科学は物質的基盤がなければ進歩しない。実験の技術開発があればこそ仮説が実証され、それを基礎にして新たな知見が得られていくからだ。［①］、実験によって思いがけない新現象が発見され、それによって科学の世界が大きく広がったこともある。しかしながら、あくまで科学を推進しているのは好奇心や想像力、［②］創造への意欲であり、精神的欲望がその出発点なのである。

池内了《いけうちさとる》『科学と人間の不協和音』

1 ⓒ ⓓ

2 ① ⓓ　② ⓐ

3 ⓓ

解説

1 解答 ⓒⓓ

この文章は、第一段落で「清貧の社会」という社会の構想の説明と問題提起をしています。第一段落を読んでいくと「浪費社会に対して『清貧の社会』という対極的な社会の構想」「物質における満足を求めるのではなく、精神の自由な飛翔を得ることこそを至上とする社会」「私はそのような社会を希求している」とあります。これらに合うⓒとⓓが正解です。ⓔは第二段落の内容で、「清貧の社会」において、物質的基盤が整っているかいないかの記述はないため、正解にはなりません。ⓐ「浪費社会」とⓑ「物質における満足を求める社会」は本文にありますが、どちらも「否定」されています。

2 ① 解答 ⓓ

空欄①の前後を見ると、前の内容は実験により「仮説が実証され」「新たな知見が得られ」るというもので、後ろの内容は「実験によって思いがけない」「発見」をするというものです。新たな知見を得る過程は異なりますが、どちらでも新たな知見を得られると述べているので、ⓓの「あるいは」が正解です。

② 解答 ⓐ

空欄②の前後を見ると、前には「あくまで科学を推進しているのは好奇心や想像力」とあり、後ろには「創造への意欲」とあります。好奇心も想像力も、「創造への意欲」の糧になるものなので、これは言い換え表現であると考えられます。これより、ⓐの「つまり」が正解です。

3 解答 ⓓ

空欄Xには「清貧の社会」が第一義とするものが入ります。空欄Xの直後の一文「物質における満足を求めるのではなく、精神の自由な飛翔を得ることこそを至上とする社会」に最も適合する、ⓓが正解になります。ⓒ「物質的な欲望を満足させること」は空欄Xの直後の一文で否定されている内容であるため正解にはなりません。ⓑ「科学的な発展を抑制し」は、二段落目の内容と矛盾します。科学の推進は「精神的欲望がその出発点」と記述があり、清貧の社会は「精神の自由な飛翔を得る」社会です。なので、清貧の社会はむしろ科学的な発展を推進するため、ⓑは正解になりません。ⓐは「実用的な満足を拒否し、技術的な改良を促進させること」のいずれも、本文に書かれていないため正解になりません。

具体と抽象②

演習の問題 ↓本冊P.81

文章の構造

現在、通常「戦争」という語で想定されるのが近代以降の戦争だとして、それでは近代の戦争はそれ以前の戦争と基本的にどう違うのか。もちろん、産業革命以降急速に歩みを速めたテクノロジーの進化による武器の発達がある。（この時代にはまず重火器が発達し、しばらくして機関銃が使用されるようになり、さらにダイナマイトが発明され、それに対抗して戦車や装甲車が登場し、やがては航空機が戦場を飛ぶようになる。）そしてそのような①新しい兵器の開発だけでなく、この時代の産業構造は武器の大量生産を可能にし、それが戦争の様相をますます大きく変えることになった。

だが戦争は、武器や戦術や兵站《へいたん》といった物質的条件によってのみ規定されるわけではない。誰が戦争を担うのか、という主体的要件があり、それが戦争の社会的意味や、戦争そのもののあり様を根本的に決定している。②近代の戦争が決定的な変化を見たのは、なによりまずその点においてである。少なくともその変化が、戦争をある「絶対的」な対象として考察する書物を生み出した。「戦記」の類なら、ものが書かれはじめた当初から無数にあるし、それぞれの時代にはそれぞれの「戦術論」がある。

西谷修『戦争論』

1 ⓐ
2 ⓒ

解説

1 解答 ⓐ

傍線部①の直前には、「そのような」という指示語があります。ここで、「そのような」が指す武器の発達について探すと、傍線部①より前の部分で、重火器、機関銃、ダイナマイト、戦車などを具体例とした、「テクノロジーの進化による武器の発達」が挙げられていることがわかります。ここでは、ⓑやⓒの選択肢に含まれる武器は具体例であり、それらを一般化して「テクノロジーの進化による武器の発達」が挙げられているので、ⓐが正解です。

2 解答 ⓒ

傍線部②を含む一文を見ると、「近代の戦争が決定的な変化を見たのは、なによりまずその点においてである」とあり、「近代の戦争における決定的な変化」が、「その点」において見られることがわかります。そこで、「その点」が何を指すのかを探すと、「戦争の社会的意味」や「戦争そのもののあり様」を決定しているのが「武器や戦術や兵站といった物質的条件」と、「誰が戦争を担うのか、という主体的要件」であることがわかります。すなわち、これらが変化することによって「戦争」は変化するのであり、「その点」がこれらを指すことがわかります。したがって、近代の戦争においては「武器や戦術や兵站といった物質的条件」と、「誰が戦争を担うのか、という主体的要件」が変化していて、それによって「戦争の社会的意味」や「戦争そのもののあり様」も変化していると言えます。よって、ⓒが正解です。

演習の問題 ↓本冊P.83

文章の構造

「役に立つ」大学ということがいわれ、①[主張]文系学問の価値が日本では軽視されつつある。経済成長や科学技術の発展にとらわれた発想である。だが、知の生産にはそれとは異なる貢献の仕方がある。普遍的真理の追究といった基礎科学とも違う貢献である。

世界のことをよく知らなければ世界をよくできない。「日本という経験」は、世界を理解するための知の共通言語に貢献できる。その可能性を孕《はら》む、日本の大学に蓄積された人文社会科学の知的基盤を見直すと、②[主張]ランキング争いでの弱みは強みとなる。[根拠]（西洋の）知識の日本化を含む「日本という経験」自体が、日本の研究に個性を与えてくれるからだ。自然科学との、この決定的な違いを自覚して大学政策を立てないと、政策の誤りはその知的基盤を突き崩すことになる。日本の大学の国際貢献の芽も摘むことになる。何のための大学のグローバル化なのか。その根本の問いを改めて問い直すことが必要だ。

苅谷《かりや》剛彦《たけひこ》『オックスフォードからの警鐘』

1 ⓑ
2 ⓒ

解説

1 解答 ⓑ

傍線部①の直後を見ると、「経済成長や科学技術の発展にとらわれた発想である」とあります。すなわち、傍線部①で示されている、「文系学問の価値が日本では軽視されつつある」という現状の理由として、「経済成長や科学技術の発展にとらわれた発想」が挙げられています。そして、傍線部①の直前を見ると、「『役に立つ』大学ということがいわれ」とあります。すなわち、「『役に立つ』大学が求められていること」、「経済成長や科学技術の発展にとらわれた発想」という二つの理由によって、「文系学問の価値が日本では軽視されつつある」という筆者の主張が示される、「結合論証」の形がとられています。つまり、日本では「経済成長や科学技術の発展」を重視するあまり、それらの発展に「役に立たない」とされる「文系学問の価値が軽視されている」ということになります。したがって、ⓑが正解です。ⓐ「文系学問は日本では普遍的真理の追究を行うものだから」は基礎科学の説明なので誤りです。ⓒ「文系学問は日本の研究に個性を与えてくれるから」は文系学問の強みの説明なので誤りです。

2 解答 ⓒ

傍線部②を含む一文を見ると、「日本の大学に蓄積された人文社会科学の知的基盤を見直す」と、「ランキング争いでの弱みは強みとなる」とされています。そして、傍線部②の直後の一文を見ると、文末に「からだ」という言葉があります。したがって、「日本という経験」が研究に個性を与えてくれることが傍線部の根拠であることがわかります。これに一致するⓒが正解です。ⓐⓑはともに本文に書かれていないので誤りです。

演習の問題
↓本冊P.85

文章の構造

　自覚された知性に映しだされた記憶だけが、私たちが記憶として知っているものである。その結果次のようなことがおこる。①もしも私たちに何らかの変化を生じ、自覚された知性の内容が変化すると、映しだされる記憶も変わる。たとえばこういうことである。二十歳の頃の〈私〉は人間は孤独なものであり、孤独という重圧に押しつぶされそうになって生きているのが人間だと思っていたとしよう。そのような人間認識や自己認識が「自覚された知性」としてあった、としよう。条件法 そういうときには、この知性によってみえてくる記憶ばかりがみえてくる。小学校のときの〈私〉も孤独な〈私〉の記憶かもしれない。友達の記憶も、友達と一緒にいるのになぜか孤独だった〈私〉の記憶かもしれない。ところがそれから十年がたち、②〈私〉が三十歳になった頃、〈私〉の自覚された知性が変化したとしよう。人間はけっして孤独ではなく、たえず他者とともに生きていて、そのことに安らぎを感じるようになったとしよう。条件法 そうすると自覚された記憶も変化する。家族とともにいた時間や友だちとともにいた時間、自然とともにいた時間などが、ともに存在した時間として記憶のなかにみえてくる。

内山節《うちやまたかし》『日本人はなぜキツネにだまされなくなったのか』

1 ⓒ
2 ⓒ

解説

1 解答 ⓒ

傍線部①については、その次の文に「たとえば」とあるように、あとから具体例を用いて詳しく述べられています。「人間は孤独だ」という認識でいるとき、「友達と一緒にいるのになぜか孤独だった」記憶などが「みえてくる」かもしれないが、認識が変わって「人間は孤独ではない」と考えるようになると、家族や友達、自然などとの孤独ではない記憶が「みえてくる」かもしれないと書かれています。つまり、過去の事実は変化しなくても認識の変化によって記憶が変化するということです。このことについて、本文中では「人間認識や自己認識が『自覚された知性』としてあった」とき、「この知性によってみえてくる記憶ばかりがみえてくる」と表現しています。これを正しく表現している具体例は、ⓒになります。ⓐとⓑはともに記憶によって認識が変わる例になっており、認識の変化によって記憶が変化するという順番と逆になっているので誤りです。

2 解答 ⓒ

1の解説でみたように、記憶が認識によって変化するという主張を読み取ります。本文中では、傍線部①に「自覚された知性の内容が変化すると、映しだされる記憶も変わる」と書かれています。したがって、ⓒが正解です。

差異②

演習の問題
↓本冊P.87

文章の構造

日本ではロシア文学というと、ひところは尊敬されただけでなく、よく売れたものらしい。と他人事のように言うのも、売れるという言葉は私の世代にはおよそ縁のないものになってしまったからだ。私の師匠の世代のロシア文学者の話では、戦後のある時期まではまだ「世界文学全集」が飛ぶように売れ、たいてい最初のほうの配本にどかんと『戦争と平和』や『罪と罰』といった巨編が収録され、そういった作品を訳しただけで①家が一軒建ったとか（まあ、多少の誇張はあるのだろうけれども）。

ところが、いまや、ロシア文学の翻訳などやっていると、②家がつぶれかねない。というのも、翻訳は時間ばかりかかって割りに合わない商売で、何時間もこつこつ机に向かうことを半年か一年も続け、ようやく長編を一冊訳したとしても、千五百部とかせいぜい二千部も売れればいいほうなので、印税といっても微々たるもの。

沼野《ぬまの》充義《みつよし》『不自由の果てへの旅』

1 ⓑ

2 ⓐ

3 A （例）翻訳が売れて儲《もう》かった

B （例）翻訳が売れずに儲からない

解説

1 **解答** ⓑ

第一段落の第一文に、「日本ではロシア文学というと、ひところは尊敬されただけでなく、よく売れたものらしい」という記述があります。それをもとに傍線部①の内容を考えると、ロシア文学の作品を翻訳すると「家を一軒建てられるほど儲《もう》かった」という意味になります。したがって、ⓑが正解です。

2 **解答** ⓐ

傍線部②の次の文に、今ではロシア文学の翻訳は「割りに合わない」と書かれています。時間はかかるもののほとんど売れず、「印税といっても微々たるもの」だということから、「家がつぶれかねない」というのは「ロシア文学の翻訳では儲からない」という意味になります。したがって、ⓐが正解です。

3

A **解答** （例）翻訳が売れて儲《もう》かった

B **解答** （例）翻訳が売れずに儲からない

この文章では、日本でのロシア文学の人気が大きく低下したことが述べられています。具体的には、かつては人気があり作品の翻訳が売れて儲かったが、現在は翻訳が売れないため儲からなくなったことが書かれています。この内容を空欄の前後に合わせて記述したものが正解です。

類似②

演習の問題
↓本冊P.89

文章の構造

十八世紀以来、自然と社会との二つの関係で「学ぶ」ということを考えると、この二つの関係にはある種の共通性[類似]が見られる。一言で言えば、人間が「学ぶ」ことを通して自然や社会の事象に対して能動的な態度をとるようになり、それらをいろいろな形で「作り変える」ようになったことである。特に、「自然のもの」に対する受身的な態度とは違った人間の主体性とでも言うべきものがそこに見られる。この主体性の基盤を形づくっているのが、「学ぶ」という行為である。技術に代表される発想はその典型であり、われわれの社会は隅から隅までそうした発想によって「構成され」、形づくられている。

しかし、①この両者の関係の共通性というのは、歴史的に言えばある種の限定が必要である。これは学問論、あるいは学問分類論というもの自身が変化してきたことと関係がある。ヨーロッパの学問論の源流を形づくったのは古代ギリシアの哲学者であるアリストテレスと言われ、②その学問観は近世に至るまで人々を支配した。これを過去数世紀あまりの「学ぶ」ことをめぐる議論の変容と比較してみるとなかなかに興味深い。

佐々木《ささき》毅《たけし》『学ぶとはどういうことか』

1 A 自然　B「学ぶ」　C 社会　D「学ぶ」

2 人間が「学ぶ」ことを通して自然や社会の事象に対して能動的な態度をとるようになり、それらをいろいろな形で「作り変える」ようになったこと

3 主体性の基盤

解説

1

A 解答 自然

B 解答 「学ぶ」

C 解答 社会

D 解答 「学ぶ」

傍線部①に含まれる「この」という指示語から、直前に触れられた内容を指していることがわかります。また、「両者」という単語から、二つの対象を指すことがわかります。したがって、第一段落から「両者」にあたる内容を探します。第一段落第一文に、「自然と社会との二つの関係で『学ぶ』ということを考えると、この二つの関係にはある種の共通性が見られる」とあります。「この二つ」が指しているのは、直前の「自然と社会」です。以上を読み取り、空欄の前後に合わせて解答します。

2

解答 人間が「学ぶ」ことを通して自然や社会の事象に対して能動的な態度をとるようになり、それらをいろいろな形で「作り変える」ようになったこと

「この両者の関係の共通性」について、その「共通性」の内容を問われています。1と同じく、第一段落に詳しく書かれている内容です。第一段落第一文に「この二つの関係にはある種の共通性が見られる」とあります。その直後に、「一言で言えば」とあり、この後の部分は「共通性」の内容を「一言で」まとめています。したがって、「人間が『学ぶ』ことを通して自然や社会の事象に対して能動的な態度をとるようになり、それらをいろいろな形で「作り変える」ようになったことである」の部分が正解です。設問では、「どういう点で共通しているのか」という形で問われているので、解答の文末は「点」や「こと」とします。ここでは抜き出して解答するので、「〜になったこと」までが正解になります。

3

解答 主体性の基盤

第一段落では「十八世紀以来」の学問観について述べられており、第二段落では、古代ギリシアなどそれ以前の学問観について書かれています。傍線部②の「その学問観」とは、直前の「古代ギリシアの哲学者であるアリストテレス」の学問観のことです。これとは異なる学問観について述べられているのは、第一段落ということになります。問われているのは、『学ぶ』という行為は何を形づくっているか」であるため、それに対する正解となる箇所を探します。第一段落に、「主体性の基盤を形づくっているのが、『学ぶ』という行為である」という部分があり、質問に対する答えとなっています。したがって、「主体性の基盤」が正解です。

並列・選択②

演習の問題
↓本冊P.91

文章の構造

重要なのは、〈普遍語〉と〈現地語〉という二つの言葉が社会に同時に流通するとき、そこには、ほぼ必ず言葉の分業が生まれるということである。〈普遍語〉は、上位のレベルにあり、美的にだけでなく、知的にも、倫理的にも、最高のものを目指す重荷を負わされる。それに対して、〈現地語〉は下位のレベルにあり、もし〈書き言葉〉があったとしても、それは、基本的には、無教養な庶民のためのものでしかない。詩や劇が〈現地語〉で書かれることはあるが、文学として意味をもつ散文が書かれることは少ない。〈現地語〉は、時に美的に高みを目指す重荷を負わされることはあるが、知的または倫理的に高みを目指す重荷を負わされることはない。〈現地語〉は、ベネディクト・アンダーソンの著書『想像の共同体』では、「口語俗語」とよばれるものである。

水村《みずむら》美苗《みなえ》『日本語が亡びるとき』

1 ①だけでなく・も（順不同）　②または

2 ①〈普遍語〉　②〈現地語〉　③美的　④知的　⑤倫理的

解説

1

① 解答 だけでなく・も

二行目の「美的にだけでなく、知的にも」は「並列」のフレームワークの「AだけでなくBも」に対応しています。

② 解答 または

五行目の「知的または倫理的」は「選択」のフレームワークの「AまたはB」に対応しています。

2

① 解答 〈普遍語〉
② 解答 〈現地語〉
③ 解答 美的
④ 解答 知的
⑤ 解答 倫理的

傍線部を含む一文を確認すると、「言葉の分業が生まれる」のは「〈普遍語〉と〈現地語〉という二つの言葉が社会に同時に流通するとき」であることがわかります。したがって、問題文の文章の一文目の空欄①・②は、〈普遍語〉と〈現地語〉が正解です。そして、続く二文目以降の構造は、本文二〜四行目の文構造と似ています。そこで〈普遍語〉の説明を「AだけでなくBも」というフレームワークに注目して、〈現地語〉の説明を「AまたはB」というフレームワークに注目してそれぞれ本文中から探し出します。そうすると空欄③・④・⑤にあてはまる語句もわかり、説明の文章に、「〈普遍語〉」は（美的）にだけではなく、（知的）にも（倫理的）にも最高のものを目指す役割がある。それに対して〈現地語〉は（美的）に高みを目指すことはあるが、（知的）または（倫理的）に高みを目指す役割を負わされることはない」というようにあてはめることができます。

矛盾・逆説②

演習の問題
↓本冊P.93

文章の構造

こんなことを言って、無分別に悪を称揚しているのではない。悪はもちろん大変な破壊性をもっている。すでに述べたように、鶴見少年や日高少年が実際に自殺してしまっていたら大変なことである。

日高さんの場合は素晴らしい担任教師がいた。鶴見さんの場合については詳しく語れなかったが、結局は母親から（そして、実は日本という母性社会から）離すのがよいとして、アメリカに留学させることを決定した父親がいた。このように、①悪がポジティブに変容するとき、そこに重要な他者がからんでくることも、ひとつの要因である。それは必ずしもいつも起こるとは限らず、田辺さんの場合は「突然に」生じている。

このようにいろいろな例を見てくると、「悪」というのが実に一筋縄では捉えられない難しいものであることがわかる。それは無い方がいいと簡単に言い切れないし、［逆説］さりとて、あるほどよいなどとも言っておられない。それは思いの外に二面性や②逆説性をもっている。

河合隼雄《かわいはやお》『子どもと悪』

1 ⓒ

2 A「悪」
B 無い方がいいと簡単に言い切れない
C あるほどよいなどとも言っておられない

解説

1 解答 ⓒ

傍線部①を含む一文を確認すると、直前に「このように」というまとめの指示語が見つかります。したがって傍線部は直前の内容をまとめているので、直前の文を見ると、鶴見さんの父親が鶴見さんを母親から離すために鶴見さんをアメリカに留学させたことが「悪がポジティブに変容するとき」と言われていることがわかります。よって、ⓒが正解です。

ⓐは「アメリカに留学したことで悩んでしまった」「日本に戻って事態が好転した」が本文にないので誤りです。本文では「母親から（そして、実は日本という母性社会から）離すのがよい」と述べられています。

ⓑは「素晴らしい担任教師のおかげで」が誤りです。問題文には『鶴見さん』の場合に即して」という条件が付いていますが、本文第二段落の最初を見ればわかるように、「素晴らしい担任教師」に恵まれたのは鶴見さんではなく日高さんです。

2

A 解答「悪」

B 解答 無い方がいいと簡単に言い切れない

C 解答 あるほどよいなどとも言っておられない

傍線部②を含む一文を確認すると、主語が「それ」と、指示語で示されていることがわかります。指示語はそれより前の内容を指すので、今回は前の文の主語を指していると考えます。しかし、前の文の主語も「それは」というように、指示語で示されているので、さらにもう一文遡ると、本文第三段落に『悪』というのが実に一筋縄では捉えられない難しいものであることが」という主部が見つかります。したがって、Aに入るのは「悪」になります。「逆説性」は「悪」の説明になっていることがわかったので、他に「悪」の説明をしている箇所を探すと、『悪』というのが実に一筋縄では捉えられない難しいものであることがわかる。それは無い方がいいと簡単に言い切れないし、さりとて、あるほどよいなどとも言っておられない」が見つかります。「言い切れないし、」の「し」は「並列」や「理由」の働きをする接続助詞で、ここでは「並列」の意味で使われており、解答欄の「同時に」と同じ働きをします。したがって、「し」で結ばれている前後の内容を答えればいいということになり、正解は「無い方がいいと簡単に言い切れない」と「あるほどよいなどとも言っておられない」になります。

柳生の
ここからつなげる
現代文ドリル

修了判定模試　解答と解説

1
問一　A ②　B ①　C ③
問二　①　問三　④
問四　ア　地球環境問題　イ　便利にするということ
ウ　便利になればなるほど自由時間がなくなっている
問五　③
問六　文明が進めば進むほど災害は大きくなる（十八字）

配点
問一＝各2点　問二＝4点
問三＝7点　問四＝各2点
問五＝7点　問六＝4点
（合計34点）

解説

1　**問一**　Aは、空欄の前では科学・技術が人間の役に立っていることが説明され、空欄の後ろでは「それがマイナスに作用」することがあると述べられており、前後の文の内容が反対になっているので、逆接の接続表現の②が正解になります。また、空欄の後ろの「それ」という指示語が「技術」を指していることをつかむことも重要です。↓06講、↓08講

Bは、空欄の前では科学技術が「便利で機能的な社会をもたらした」だけではなく、「人類の思考様式や文明の形態」を変えたことが説明され、空欄の後ろでは「科学・技術」が「物質世界の変革を導いた」とともに「人間の精神世界を豊かに」し、「知的領域」を拡大してきたと述べられており、前後の文の内容が同じになっているので、換言・要約の接続表現の①が正解になります。「**AだけでなくB**」、「**AとともにB**」、「**AかつB**」といった「並立」のフレームワークが空欄の前後で共通していることがポイントです。↓09講、↓29講、↓37講

Cは、あまった選択肢の③が正解になります。内容的にも、空欄の前では、「核兵器保有国」が「核兵器禁止条約」に反対していることが説明され、空欄の後ろでは核兵器保有国ではないものの「アメリカの核の傘」で守られている国が核兵器禁止条約に「反対・不参加」になっているというように、核保有国も非核保有国も両方が核兵器禁止条約に反対していると説明されているため、並立・累加の接続表現が入ることがわかります。↓09講

問二　傍線部では、「科学と技術」が「人々の生活環境」をよくしてきたことは「明らか」だと述べており、次の一文はその具体例になっています。したがって、「栄養不足が克服されて寿命が延び」る場合のように、「科学と技術」のおかげで生活がよくなった事例が具体例としてふさわしいので、ふさわしくない正解は①です。「健康被害」はむしろ生活を悪くした事例です。他の選択肢はすべて生活がよくなった例になっています。

↓11講、↓24講

問三　傍線部を分析すると、文頭に「このように」というまとめの指示語が見つかります。傍線部の前半ではそれまでの説明をまとめて「科学・技術の効能」の「大きさ」が指摘されており、「が」という逆接の接続表現をはさんだ後半では「科学・技術」に「弊害も」あることが指摘されています。ここで文章の内容が「科学・技術」の「効能」から「弊害」に変わっているので、筆者が「科学・技術」に「弊害」があると考える理由を傍線部の後ろから探します。傍線部の次の段落では「第一」の理由として「地球環境問題」が挙げられており、その次の段落ではさらに「核兵器」が挙げられています。そしてその次の段落では「地球環境問題と核兵器問題が地球の未来にとって大きな脅威なのですが、その他いくつも科学・技術に起因する弊害があります」と述べられ、他にも多くの「弊害」があることが指摘されています。筆者が「科学・技術」に「弊害」があると述べる理由は複数あり、結合論証になっているため、これらの理由がすべて含まれる選択肢が正解です。したがって、④が正解になります。①「科学技術によって人々の暮らしがより便利になった一方で、地球環境問題が深刻化しているから。」は核兵器その他の問題点も含まれていないので誤りです。②「科学技術にはいくつかの問題点もあるが、全体的には人間の役に立つ部分の方が多いから。」は「科学・技術の効能」を重視している点で傍線部の内容と合いません。③「科学技術は人々の生活環境を向上させたが、その恩恵を受けられる人とそうでない人との格差が広がっているから。」は本文に書かれていないので誤りです。↓07講、↓08講、↓14講、↓15講、↓33講

問四　アは、「その根源は、人類がこぞってCO_2を始めとする温室効果ガスを垂れ流しているため」という部分に含まれており、直前の「地球環境問題」が正解になります。

イは、「それによって雑用に取られる時間が節約でき、私たちの自由時間が増えて、芸術や学問や趣味など自分の好きなことに余暇が使えるようになるはずでした」という部分に含まれていますが、この「それ」の指示内容になりそうなものは、「世の中が便利になり効率化したこと」か、直前の「便利にするということ」です。字数の条件に合う「便利にするということ」が正解になります。

ウは、「それは人間が欲張りのため、あれもこれもとすべきことを詰め込むようになったためかもしれません」という部分に含まれており、直前の「便利になればなるほど自由時間がなくなっている」が正解になります。いずれも、指示語の「後ろ」のヒントを頼りに「直前」の指示内容を求めるのがポイントです。↓06講

問五　傍線部では、「道具や機械」が「人間が持つ能力を拡大」すると同時に、「人間が持つ固有の能力」を奪いもするという逆説が指摘されています。一見**矛盾**しているように思えますが、次の文からは「眼鏡」、胃の「手術」、「エアコン」の具体例が挙げられ、これらの**具体例**を次の段落の最初の「これらは」という指示語で受けて、「これらは、いずれも人間の肉体は怠け者にできていて、その部分を使わないと衰えて能力が低下してしまうことを物語っています」と説明されています。「眼鏡をかける」とたしかに人間の視力は補われますが、「眼鏡をかける」ことによって、「ますます視力が衰え」てしまうということを傍線部が指していること

がわかります。したがって、③が正解になります。①「科学技術によって生活が豊かになった一方で、核兵器の危険が増しているということ。」は本文に書かれている内容ですが、傍線部とは無関係なので誤りです。②「目覚まし時計の普及により、人々が自力で起きられなくなっているということ。」は傍線部の内容とは合っていますが、**具体例**なので、③の方がより適切な説明になります。④「原子力は発電に利用される際には人類の役に立つが、核兵器として利用される場合は人類の脅威にもなるということ。」は本文に書かれていないので誤りです。↓06講、↓07講、↓11講、↓24講、↓30講、↓32講、↓38講

問六　本文から引用を探します。筆者が引用する場合、その文や文章が誰のものであるかを示します。本文から、筆者以外の人の名前やその言葉が書かれている箇所を探すと、「かつて寺田寅彦《てらだとらひこ》（一八七八～一九三五年）は「文明が進めば進むほど災害は大きくなる」と言いました」が見つかります。指定の字数に合わせて「文明が進めば進むほど災害は大きくなる」が正解になります。このように、短い**引用**がカギカッコ付きで文章に埋め込まれていることがあります。↓17講

2　**問一**　A ①　B ③　C ②
問二　①　**問三**　③　**問四**　②

配点　問一＝各3点　問二＝8点　問三＝8点　問四＝8点　（合計33点）

解説

2　**問一**　Aは、空欄の前に「私はあの「音」をはじめて聴いた」とあり、空欄の後ろでは「それは、霧に包まれた場が織りなす「雰囲気」の知覚であると同時に、真実には、「耳鳴り」という自己自身の「音」の知覚でもあった」として、前の事柄についての説明を付け加えていることがわかります。したがって、**補足の接続表現**の①が正解になります。また、「それ」という**指示語**が「音」を指していることをつかむことも重要です。↓06講、↓10講

Bは、空欄の前では口が「外とつながった空気の連続でしかない」とされ、空欄の後ろでは「その振動としての声は、私の身体に属する現象ではないことになる」とされており、前が理由で後ろが順当な結果になっているので、**順接の接続表現**の③が正解になります。また、「その」という**指示語**が「外とつながった空気の連続」を指していることをつかむことも重要です。↓06講、↓08講

Cは、空欄の前では声が「私の身体の現象に対応し同期している」とされているのに対し、空欄の後ろでは「自身の身体の振動と、空間に響いていく声とは、物理的な意味でも印象の面から言っても異なる」とされ、前後の文の内容が反対になっているため、**逆接の接続表現**の②が正解になります。空欄の前の一文が「たしかに」ではじまることからわかるよ

うにここでは譲歩が使われています。また、「それ」という指示語が「声」を指していることをつかむことも重要です。↓06講、↓08講、↓18講

問二 傍線部にある「中学生のとき」という過去を表す言葉から、**体験談**がはじまることがわかります。**体験談**はそこから三段落にわたって続き、その後で筆者の主張が導かれます。第六段落の「極限まで静かな場の空気には「音」があるのかもしれないと思っていた。沈黙の世界の「音」というのは変な話だけれど、少々理屈好きだった私は、空気の振動としての音ではなくて、場の「雰囲気」が放つ「感じ」のようなものじゃないかとも考えてみた」というのが**体験談**を踏まえて筆者が考えたことですが、この段階では筆者が聞いた「音」は「空気の振動としての音ではないという否定に加えて、「場の「雰囲気」が放つ「感じ」のようなもの」という直喩を使って表現されています。ここまででは筆者がどのようなことを主張しようとしているのかまだ曖昧《あいまい》ですが、次の段落では「「雰囲気」を感覚するということは、実際にある」として筆者の考えが明確に言い換えられています。したがって、①が正解になります。②「このごろ耳の聞こえが悪くなってきたこと。」は本文に書かれている内容ですが、筆者が**体験談**を通して言いたかったのはむしろ「音」を「雰囲気」として感じたことだったので誤りです。③「中学生の時に耳鳴りを感じたことがあるということ。」は事実の説明としては正しいですが、筆者は耳鳴りの自覚が無かったことによって「雰囲気」の感覚について考えはじめたのでした。**体験談**として書かれている事実をつかむことも大切ですが、それを踏まえて筆者が何を言おうとしているのかを考えることが重要です。④「静けさと音とは表裏一体だということ。」は本文に書かれていないので誤りです。↓05講、↓12講、↓13講、↓23講、↓31講

問三 「「雰囲気」を感覚する」は、それだけでは意味がよくわからない表現なので、筆者は傍線部の次の文から「札幌で暮らして」いたときの具体例を挙げて説明しています。その感覚とは「弱い揮発性の何かで鼻の奥を刺激されるような「感じ」」であり、「「匂い」は渓流のそれに似ている」とされています。ここで筆者は、直喩と類似を用いて自分の言いたいことを読者になんとか伝えようとしています。そして、次の段落からより抽象的な説明が始まります。「雰囲気」が感覚されるのは「私たちの身体が環境と繋がっているから」であり、「そこでは、自己は外界に「開かれ」てあり、その意識現象は外界との相互作用としてある」とされます。したがって、③が正解になります。少し難しいところなので、補足説明を加えましょう。人間の感覚は人間の内部で起こるように思えますが、実際には、何かを見るにせよ、聞くにせよ、触るにせよ、人間が外界の何かと接触するところで感覚は成立します。その意味で、感覚は人間と「外界の相互作用」によって成立するものであり、そこでは外界の微妙な状態や変化が感覚に影響を与えます。筆者は、そのような外界の微妙な状態や変化のことを「雰囲気」と呼び、それが感覚されることがあると主張しているのです。①「静かな場所の空気に音を感じること。」は本文に書かれていますが、筆者はこのことをさらに詳しく説明して「「雰囲気」を感覚する」と言っているので、正解にはなりません。②「匂いや気温や水蒸気といった空気中の状態の変化を感じること。」はあくまで札幌《さっぽろ》で暮らしていたときの**具体例**なので、正解にはなりません。④「五感を通して、自分ではない存在の発する音を感じ取ること。」は音以外の「雰囲気」が含まれていないので間違いです。↓11講、↓13講、↓24講、↓28講、↓32講、↓36講

問四 傍線部の最初に「それ」という指示語があるため、指示内容を確認します。「それ」は「聴きとる」ものなので、直前の「声」を指しているとわかります。「声」と「私たちの了解を超えたところで密《ひそ》やかに作用する」の間には飛躍があるので、**飛躍**を埋める「声」の説明を求めます。

次の段落には、「ひとまずは声の不思議さに焦点をあてることにしよう。果たしてその不可思議な力は、何に淵源するのだろうか」という**問題提起**があるので、それより後ろに**答え**を探します。次の段落では口が「解剖学の対象」にならないとする養老孟司の見解が紹介されています。普通口は人間の身体の一部だと考えられますが、「口は開口部」であるという点で他の身体の部分とは**差異**があります。そのように、「外とつながった空気の連続」でしかない口から発せられる声は、「私の口のなか」という**条件**をつけたとしても「私の身体に属する現象ではない」ことになります。そのため、「ある場に響く自分の声は、すでに自己の統制の範囲を越えでており、私自身のあずかり知らない作用を生みだす」ことになるのです。したがって、②が正解になります。①「雰囲気は、私の外界にあるものであり、私の統制できるものではないから。」は口と声の説明が含まれていないので誤りです。③「環境と耳との相互作用において知覚される音は、自己の個体性と独立性を揺るがすものであるから。」は、口ではなく耳の話になっているので誤りです。④「口は境界に過ぎず、解剖学の対象にならないという点で、人体の一部とは言えないから。」は口は人体の一部なので誤りです。

↓06講、↓16講、↓25講、↓26講、↓27講、↓34講、↓35講

3 問一 ② 問二 ④
問三 ③ 問四 ①

配点 問一＝8点 問二＝8点 問三＝8点 問四＝9点 （合計33点）

解説

3 **問一** 傍線部は、行天《ぎょうてん》の友人だと通行人に思われたくないという多田《ただ》の**心情**を表現しています。傍線部の前後から、その**原因**を探します。行天は、「チワワの引き取り手」を探せという多田からの指令を受けて、「駅前の南口ロータリー」で「個室ビデオの看板を持った中年の男」と多田の事務所の電話番号を公開し、チワワの引き取り手を募っていました。行天と中年男という「おかしな組み合わせに、道行くひとがちらちらと視線を投げかける」という描写の後ろに傍線部はあるため、②が正解になります。①「マフラーの代わりにジャージのズボンを首に巻いた行天の姿があまりにも珍妙だったので、彼に近づくことで通行人の視線を浴びるのはなんとか避けたいと思ったから。」は、行天が「マフラーの代わりにジャージのズボンを首に巻い」ていることに多田が気づくのは、傍線部よりも後のことなので誤りです。③「行天の持っていた看板には、事務所の電話番号がでかでかと書いてあったのだが、そこに書いてある電話に出るのが他ならぬ自分だとは誰にも悟られたくなかったから。」は、「電話に出るのが」「自分だと」「悟られたくなかった」という内容が本文からは読み取れないので誤りです。④「行天は看板持ちの中年男になにかと世話になっているらしかったが、行天にその仕事を命じたのは自分だとその男に知られてしまうのはできれば避けたいと思っていたから。」

も本文に書かれていないので誤りです。↓19講

問二　傍線部を含む一文を分析すると、主語が行天だとわかります。傍線部の前後から、仰天が「不機嫌」になった原因を探します。少し前に「行天は嬉しそうに尋ねてくる」、「誇らしげに報告する」とあるように、「駅前の南口ロータリー」で多田が行天に話しかけた時点では、多田は上機嫌でした。心情の変化が起きているので、変化の原因をこの間に求めます。この間に起きたことは、多田が行天に「いたずら電話の相手をさせたことなので、④が正解になります。①「自作の広告を大勢の人が見れば、チワワの引き取り手があらわれるだろうというもくろみがはずれ、多田に対する自分の面目がまるつぶれになったから。」は、行天は段ボールにマジックで「チワワあげます」と事務所の電話番号を書いただけで、広告を作ってはいないので誤りです。②「電話ならいっぱいあったという多田の言葉にだまされ有頂天になっていたところ、事務所でことの真相を知らされて多田への怒りがこみあげてきたから。」は、「ことの真相を知らされ」たのではなく、電話番をさせられたのが**原因**なので誤りです。③「駅前での自分の計画が多田には評価されず、世話になった個室ビデオの看板持ちに礼を言ういとまもなく、無理やり事務所に連れ戻されてしまったから。」も電話番のことが含まれていないので誤りです。↓20講

問三　傍線部は多田の心情を表現しているので、前後から原因を探します。傍線部の直前に「だれかの内心の動きを推測してみるのは、ひさしぶりのことだった」とあるため、行天と一緒に暮らしていることが**原因**だとわかります。また、傍線部からは「わずらわしさと面映ゆいようなわずかな喜び」という相反する心情の交錯が含まれているので、これを説明している選択肢を選びます。したがって、③が正解になります。①「相手の気持ちを汲み取ろうなんてこと、長いことやってなかったな。でもやっぱり俺は人の気持ちというものに左右されない、仕事の話のほうが好きだ。」は「面映ゆいようなわずかな喜び」を説明できていないうえ、「仕事の話のほうが好きだ」という心情は本文からは読み取れないので誤りです。②「同居してるとちょっとしたいざこざもあって、疲れるなあ。だけどこっちの思いやりに相手が気づいて感謝されたりすると、意外にうれしいもんなんだ。」は、行天が多田に感謝している描写が傍線部の周辺にないので誤りです。④「他人の思惑をあれこれ推し量ってみるなんてこと、久しくなかったなあ。だけど考えてみれば昔の同級生というだけで居候させている自分もよくやるよ。」は「面映ゆいようなわずかな喜び」を説明していないので誤りです。↓22講

問四　傍線部は行天の心情を表現しているので、前後から原因と結果を探します。傍線部の前から、「トンチンカンな理由」で謝る多田に対して、行天が「女に飽きられるタイプでしょ」と哀れんでいることがわかります。ただし、これだけではまだ行天が「せせら笑う」のには飛躍があるので、行天の特殊事情を探して、結合原因の心情をとらえます。傍線部の後ろを見ると、「黙っていれば、相手は自分にとって都合のいい理由を、勝手に想像してくれるのにさ」と言い切り、「関係がうまくいかないときの、人間の心理をよく知ってるんだ」と述べる行天が人間の心理について自信を持っており、それで多田をバカにしていることがわかります。したがって、①が正解になります。②「行天は多田に命じられてチワワの引き取り手を探しはじめるが、そのやり方が多田の意に沿うものではなく、手ひどい仕打ちをうけることになったため、行天は仕返しに多田を笑いものにしようとした。」は、チワワが**原因**ではないので誤りです。③「ふだんは静かで平和な存在である行天は、いったん会話のスイッチが入ると相手をやりこめずにはいられなくなり、女との関係で多田が失敗していることをあげつらって自分の優位を保とうとした。」は、行天

が「相手をやりこめずにはいられな」いことは本文からは読み取れないので誤りです。④「ふだんはなにも考えていない様子の行天も、これまでの人間関係上の経験から自分なりの人間観を築いていたので、そうしたものを持ち合わせず、世間の常識にこだわる多田のことを見下そうとした。」は「世間の常識にこだわる」という部分が本文にないため誤りです。↓21講

KOKOKARA DRILL SERIES

大学入試

TSUNAGERU